Perfekte Bewerbungsunterlagen

Erfolgreich bewerben

- Praxisratgeber für Bewerbungen, Karriere und Beruf -

von Alexander Büsing

D1718787

Berufszentrum
Verlag für Personalmanagement

Perfekte Bewerbungsunterlagen

DER PRAXIS-RATGEBER FÜR ERFOLGREICHE BEWERBUNGEN

BEWERBUNGSUNTERLAGEN ÜBERZEUGEND
GESTALTEN UND PRÄSENTIEREN

Herausgeber:
Berufszentrum ABIS
– Verlag für Personalmanagment

Bestelladresse:
Berufszentrum ABIS e.K.
Postfach 100236
32502 Bad Oeynhausen

Bestelltelefon: 05731-8420735

Bestellfax: 05731-2458130

Bestell-E-Mail: kundenservice@berufszentrum.de

Internet: www.berufszentrum.de

Redaktion:
Berufszentrum, Abt. Bewerbung und Karriere

**Grafische Konzeption, Gestaltung
und Produktion:**
Berufszentrum, Abt. Bewerbung und Karriere

Titelgestaltung:
Berufszentrum, Abt. Bewerbung und Karriere

Druck:
Auflage: 7. Auflage (Mai 2008)
Broschiert: 64 Seiten
ISBN: 978-3-941161-02-3

Das Berufszentrum ist Kooperationspartner des
Arbeitnehmerverbandes, MedXnet, diplomaxx,
Teamarbeit für Arbeit, Stellenreport, Ingenieurweb,
ifm – Institut für Bildung, Rechtskanzlei Ott und Partner
sowie Steuerberatung Fuchs.

Besuchen Sie uns im Internet:

Deutsche Bewerbung: www.berufszentrum.de
Internat. Bewerbung: www.auslandsbewerbungen.de
Karriere und Existenzgründung: www.karrierezeitung.de
Praktische Personalarbeit: www.personalzentrum.de
Fort- und Weiterbildung: www.berufsbildungszentrum.de
Beratung für Führungskräfte: www.bewerbungsbuero.com
Online-Shop für Bewerbungsmappen: www.bewerbungsshop24.de

Inhaltsverzeichnis

Vorwort

Liebe Leserin, lieber Leser,

Sie haben den kompletten Bewerbungs-Ratgeber „Perfekte Bewerbungsunterlagen" aus dem Berufszentrum nun vor sich. Dieser Bewerbungs-Ratgeber ist entstanden aus jahrelanger Erfahrung in der Beratung unserer Kunden im Bewerbungsservice. Dieser Ratgeber wurde zusammengestellt aus erworbenen Erfahrungen der Bewerbungs- und Karriereberatungspraxis. Dabei sind Kenntnisse unserer Bewerbungsberatung und eigene Erfahrungen Grundlagen dieses Ratgebers.

Sie finden hier Bewerbungsregeln, Formulierungen, Tipps und Links rund um Bewerbung, Arbeitsrecht und Karriere.
Gute wie schlechte Beispiele zu Anschreiben, Zeugnissen und Lebensläufen haben wir Ihnen direkt zum Vergleichen konzipiert.
Auch wenn die Beispiele nicht auf Ihre Berufsgruppe zugeschnitten sind, können Sie die Grundsätze erkennen und verstehen.

Bitte verwenden Sie diesen Ratgeber als Grundlage Ihrer Bewerbung. Vermeiden Sie es bitte Beispiele als Rezept anzuwenden und schreiben Sie die Beispiele nicht einfach ab. Jede Bewerbung sollte einzigartig auf die Stelle (-nbeschreibung) zugeschnitten sein.
Begreifen Sie den Bewerbungs-Ratgeber als Anregung und als Rahmen für eine saubere Bewerbung!

Bewerbungs-Ratgeber als CDROM
Dieser Bewerbungs-Ratgeber mit vielen weiteren Informationen, Tipps, Vorlagen, Musterbewerbungen und Software-Versionen (Free- und Shareware) ist auch als CDROM für 10,00 Euro erhältlich. Ein kostenloses Online-Update des Bewerbungs-Ratgebers ist jederzeit über das Internet unter www.berufszentrum.de möglich. Mwst., Porto und Verpackung sind inklusive.

Individuelle Bewerbungsberatung
Sie haben unseren Bewerbungs-Ratgeber durchgearbeitet, Bücher zu Rate gezogen, Freunde und Bekannte befragt und wissen nicht, ob Ihre Bewerbung perfekt ist?

Ihnen fehlt die Zeit und die Lust die notwendigen Unterlagen zu organisieren?

Sie haben keinen Erfolg mit Ihren Bewerbungen?

Erhöhen Sie Ihre Chancen auf ein Vorstellungsgespräch. Wir helfen Ihnen!
Senden Sie uns eine E-Mail oder eine schriftliche Mitteilung. Wir antworten Ihnen umgehend mit unseren Informationsunterlagen zu der individuellen Bewerbungsberatung oder informieren Sie sich vorab: www.berufszentrum.de

ANSCHREIBEN
oder: Das Anschreiben auf ein Stellenangebot

Das Anschreiben soll überzeugen und für den Bewerber Stimmung machen. Es ist neben dem Lebenslauf die wichtigste Komponente in einer Bewerbung.

Der Anschreibenkopf

Das Anschreiben besteht aus **einem** DIN A4 Blatt. Auf diesem Blatt muss Ihre Adresse, die Adresse des Unternehmens, eine Betreffzeile, der eigentliche Anschreibentext, das aktuelle Datum, Ihre Unterschrift und die Anlagenbezeichnung enthalten sein.

- Die **Firmenadresse** gehört in die Position **links oben** unter den Absender.
- Achten Sie auf die **fehlerfreie Nennung des Firmennamens**, besonders auf die Rechtsform.
- Der in der Anzeige genannte Sachbearbeiter gehört mit in die Adresse Ihres Anschreibens.
- Der **Ort und das Datum** gehören auf die Position links oder rechts vor oder nach der Betreffzeile.
- Schreiben Sie in die **Betreffzeile**, auf welche Anzeige Sie sich beziehen, wo und wann die Anzeige erschien.
- Verwenden Sie nicht den altmodischen "Betreff" oder "Betr.", sondern die **Betreffzeile als Fettdruck**
- Als **Anrede** verwenden Sie die persönliche Form: "Sehr geehrter Herr Meier, ...". Machen Sie **keine Schreibfehler** in dem Namen. Nach der Anrede empfiehlt sich ein Komma, das liest sich flüssiger als mit Ausrufezeichen.

Der Anschreibentext

- Das Anschreiben muss auf **einem Blatt Papier** Platz finden. Halten Sie den Hauptteil kurz und präzise (4 - max. 8 Sätze).
- Vermeiden Sie als **Eingangssatz** "Hiermit bewerbe ich mich....". Verwenden Sie stattdessen "in Ihrer Anzeige vom ... beschreiben Sie eine berufliche Aufgabe, die mich besonders interessiert ", "... mit großem Interesse habe ich Ihre Anzeige gelesen und möchte mich Ihnen als ... vorstellen" oder "... die von Ihnen ausgeschriebene Aufgabe ...."
- Erwähnen Sie in dem Anschreiben Ihr **Telefonat**. Nutzen Sie die daraus gewonnenen Informationen deutlich. Werden Sie nicht voreilig oder unverschämt. Formulierungen wie "ABC-Firma und ich passen hervorragend zusammen" oder "meine Fähigkeiten werden Sie sehr schnell zu schätzen wissen" sind fehl am Platz.
- Zusätzliche Information wie **Referenzen** lassen sich gut im P.S. einsetzen: "Auf Wunsch nenne ich Ihnen Namen und Telefonnummern meiner bisherigen Vorgesetzten als Referenz" oder "Ihr ehemaliger Mitarbeiter Hans Huber ist heute mein Kollege und könnte als Referenz dienen".
- Selten finden sich in der Stellenanzeige **Gehaltsvorstellungen**. Sie haben drei Möglichkeiten, zu der es aber keine Regel gibt: - Sie ignorieren die Aufforderung und riskieren aussortiert zu werden. - Sie nennen einen Betrag. -

Sie finden eine Formulierung nach dem Muster "Bei einem persönlichen Gespräch, in dem ich mehr zur Position und deren Umfeld kennen lernen möchte, kann ich meine fairen Gehaltsforderungen klar formulieren.

- Für einen **guten** "**Abgang**" eignen sich Sätze wie "Für weitere Auskünfte stehe ich Ihnen in einem persönlichen Gespräch - vorab auch gerne telefonisch - zur Verfügung." oder "Sollten Ihnen meine Bewerbungsunterlagen zusagen, stehe ich Ihnen gerne zu einem Vorstellungsgespräch zur Verfügung.".
- Als Abschied wird die **Unterschrift** eigenhändig nicht zu klein/nicht zu groß möglichst mit Füller getätigt. Nicht mit einem Kugelschreiber unterschreiben! "Mit freundlichen Grüßen" oder "Hochachtungsvoll" ist die Abschiedsformel.
- Die Auflistung der **Anlagen** kann bei Platzmangel auch in eine Zeile geschrieben werden oder zusammengefasst als "Anlage: Bewerbungsmappe".
- **Wichtig:** Achten Sie auf **Schreibfehler**, vor allem in der Adresse des Unternehmens.
- Lassen Sie den **Text von anderen Personen gegenlesen**.

Die Struktur des Anschreibentextes

Bevor Sie ein Anschreiben verfassen, sollten Sie die Stellenangebote richtig interpretieren. Das Anschreiben wird in argumentativ 3 Bereiche gegliedert, ohne diese Gliederungsbereiche im Text hervorzuheben:

Bereich Qualifikation

Beschreiben Sie Ihre Qualifikation in Bezug auf die angebotene Tätigkeit. Gehen Sie auf die Anzeige ein und erläutern Sie, mit welchen Ihrer Fähigkeiten und Erfahrungen die im Anzeigentext dargestellten Aufgaben bewältigt werden. Finden Sie mehrere Ansätze dazu. Beschreiben Sie sich mit konkreten Beispielen aus Ihrer Berufspraxis oder Ihrem Ausbildungsschwerpunkt.

Bereich Motivation

Beschreiben Sie warum Sie diese Aufgabe übernehmen möchten. Was interessiert Sie an dieser speziellen Aufgabe? Schreiben Sie ruhig, wenn es den Tatsachen entspricht, was an dem Unternehmen oder den Produkten des Unternehmens Sie begeistert. Wenn Sie eine ungekündigte Stellung verlassen wollen, erklären Sie die Motivation dafür:

" ... gibt es für mich keine Chancen mich beruflich weiterzuentwickeln..."
"...die Einstellung der hauseigenen Produktion verkleinert meinen Arbeitsbereich ..."
"... sehe ich nach Abschluss meiner Aufgabe als Projektleiter keine weiteren ..."

Bereich Übergang

Fordern Sie das Unternehmen zur Kontaktaufnahme auf. Bieten Sie an, Ihre Qualifikation bei einem persönlichen Gespräch zu überprüfen. Falls Sie schwer zu erreichen sind, erklären Sie, wann und wie die beste Möglichkeit besteht, mit Ihnen telefonisch Kontakt aufzunehmen.

Buchtipps: Hier finden Sie weitere Literatur, die sich mit dem Thema befasst:
www.berufszentrum.de/buecher.html

ANSCHREIBEN
oder: Das Anschreiben in einer Initiativbewerbung

Initiativbewerbung

Wenn ein Unternehmen eine offene Stelle im Internet oder in einer Zeitung aus- schreibt, werden vorher oft alle unaufgefordert zugeschickten Bewerbungen (Initia- tivbewerbung) durchgesehen. Eine Initiativbewerbung sollte direkt zum Personal- entscheider oder späteren Vorgesetzten gesendet werden. Somit stehen Sie schon zur Auswahl, noch bevor andere Bewerber eine Chance haben.

Die grundlegende Problematik bei Blindbewerbungen ist, dass man relativ ungerich- tet zahlreiche Bewerbungen versenden muss, um dem angestrebten Ziel, der Einla- dung zu einem Vorstellungsgespräch, näher zu kommen. Zunächst sollte man über- legen, ob man genügend Markt- beziehungsweise Branchenkenntnisse besitzt, um auch die richtigen Unternehmen adressieren zu können.

Es ist notwendig den Verantwortlichen ausfindig zu machen. Bevor Sie eine Initia- tivbewerbung absenden, nehmen Sie direkt Kontakt mit dem Personalverantwortli- chen auf. Informieren Sie sich über die Einzelheiten und Chancen einer Bewerbung.

Die Struktur eines Initiativbewerbungs-Anschreibens

- Der Betreff muss aussagekräftig und fett sein: "Bewerbung als Programmie- rer aufgrund unseres Telefonats vom ..."

- Erklären Sie, warum Sie dem Personalsachbearbeiter schreiben?

- Braucht er das, was ich ihm anbiete?

- Welche Vorteile bringe ich ihm?

- Was ist das Besondere an meinem Angebot?

- Vermeiden Sie verschachtelte Sätze.

- Der Hauptteil muss kurz und prägnant sein.

- Unterschrift, evtl. mit Maschinenschrift wiederholen

Blinde Anfragen

Initiativbewerbungen sind **immer** personalisiert. Das heißt, sie werden an einen Verantwortlichen gesendet. Blinde Anfragen gelangen ziellos in das Unternehmen. Das birgt die Gefahr, dass Ihre Bewerbung verloren geht. Fragen Sie vor Ihrer Be- werbung telefonisch im Unternehmen nach, wer der verantwortliche Personalsach- bearbeiter ist.

Kurzbewerbung als Initiativbewerbung

Es empfiehlt sich, als Stellensuchender zunächst nur eine Kurzversion der Bewerbungsmappe (ohne Zeugnisse) zu erstellen und diese zu versenden. Selbstverständlich sollte man im Anschreiben nicht vergessen zu erwähnen, dass man im Bedarfsfall gerne die nötigen Unterlagen nachreichen wird. Da viele Firmen mit E-Recruitern auf die Suche nach geeignetem Personal gehen, macht es Sinn, den Lebenslauf in den großen und spezialisierten Internet-Jobbörsen zu platzieren. Wählt man als Stellensuchender diese zweigleisige Strategie - Initiativbewerbungen und internetbasierte Bewerbungen, so ist ein Erfolg durchaus in greifbarer Nähe.

Buchtipps: Hier finden Sie weitere Literatur, die sich mit dem Thema befasst: www.berufszentrum.de/buecher.html

ONLINEBEWERBUNG
oder: E-Mail und Internet für die Bewerbung einsetzen

Bewerbung per E-Mail

Bewerben Sie sich nur per E-Mail bei einem Unternehmen, das die Stellenanzeige im Internet aufgibt. Dann können Sie davon ausgehen, dass Sie hier einen Personalchef vorfinden, der für moderne Kommunikationsmedien offen ist. Nutzen Sie Ihren Vorsprung!

Lassen Sie sich auf keinen Fall durch das Medium Internet zu einer lapidar formulierten E-Mail verleiten. Auch hier ist dieselbe Form und Höflichkeit wie bei einem Anschreiben per Post gefordert.

Die E-Mail muss kurz und prägnant sein. Beschränken Sie sich auf einen tabellarischen Lebenslauf und ein Anschreiben mit Bezug auf die Stellenanzeige. Wichtig ist, dass Sie eine geeignete Kontaktadresse angeben.

Anhänge (per E-Mail verschickte Dateien) bergen Virengefahr. Wenn Sie trotzdem einen Anhang verschicken wollen, so sollte dieser im Text-Format (dateiname.txt) abgespeichert sein. Das birgt keine Virengefahr und ist so vor allem im amerikanischen Raum üblich. Empfehlenswert sind auch Anhänge im PDF-Format. Im Gegensatz zu einer Textdatei ist hier die Formatierung des Textes gewährleistet.

TIPP: Eine professionelle Online-Bewerbungsmappe erhalten Sie kostengünstig bei **bewerben.biz**. Dabei werden alle Anlagen (Lebenslauf, Zeugnisse, Arbeitsproben, Foto, Deckblatt) in eine Homepage integriert. Nur das Anschreiben wird konventionell oder per E-Mail versendet. Per Benutzername und Passwort kann ein potentieller Arbeitgeber die persönlichen Daten einsehen.

+ Vorteile dieser Bewerbungs-Strategie
+ Genaue Funktionsweise einer Online-Bewerbungsmappe
+ Leistungen und Preise
+ Datensicherheit und Passwortschutz

Schauen Sie sich unsere Online-Bewerbungsmappen an: www.bewerben.biz

Online-Bewerbung

Nehmen Sie sich hier etwas Zeit, um später Zeit zu sparen. Zeit, um Absagen zu lesen, die nicht sein müssten. Wir verraten Ihnen die Geheimnisse einer gelungenen Online-Bewerbung:

- Online bewerben
  Bei Stellenanzeigen: Firmen, die Online-Bewerbungen wünschen, erwähnen dies meist explizit in Ihren Stellenanzeigen (E-Mail-Adresse, Aufforderung). Ansonsten bewerben Sie sich lieber konventionell auf Papier oder fragen Sie im Zweifelsfall nach. Nicht alle Firmen verfügen über die Strukturen, um Online-Bewerbungen zu bearbeiten.
  Bei Initiativbewerbungen: Hier ist es ganz wichtig im Vorfeld herauszufinden wer oder was evtl. gesucht wird. Das geschieht z. B. per Telefon. Dabei kann auch nachgefragt werden, ob eine Online-Bewerbung erwünscht ist.

- Nur ernst gemeinte Bewerbungen
  Eine Bewerbung über das Internet steht einer konventionellen Bewerbung auf Papier in nichts nach. Bei Interesse an Ihnen werden Sie meist aufgefordert, Ihre konventionelle Bewerbungsmappe zu schicken. Tun Sie dies oder sagen Sie ab. Lassen Sie jedoch nichts mehr von sich hören, hinterlässt dies einen schlechten Eindruck beim Personalchef.

- Bewerbungsformular verwenden
  Wird zu der Stellenausschreibung ein Bewerbungsformular angeboten, sollten Sie dieses verwenden und keine E-Mail-Bewerbung schreiben. So bekommt der Empfänger durch die vorgegebene Struktur einen knappen aber informativen Überblick über Ihre Bewerbung.

- Bewerbung per E-Mail - ungeahnte Tücken Betreff / Subjekt:
  Um die Zuordnung Ihrer Bewerbung zu erleichtern, könnte hier z.B. stehen "Bewerbung von Peter Maier als Verkaufsleiter - z. Hd. Fr. Petra Müller". Kopieren von Text in eine E-Mail: Achtung, hier können z.B. bei aus Word kopierten Texten Zeilenumbrüche und Einzüge völlig durcheinander geraten. Senden Sie die E-Mail zum Test zuerst sich selbst. Umlaute / Sonderzeichen: ...werden noch immer nicht von jedem Mailprogramm verstanden. Profis verzichten darauf. Formatierungen: Einige Mailprogramme erlauben Ihnen die Formatierung (Schriftfarbe, Dicke,...) Ihrer Mails. Diese sog. HTML-Mails kann aber nicht jedes Mailprogramm lesen. Der Empfänger erhält dann entweder den Programmiercode oder sogar eine leere Mail. Auch hierauf sollten Sie verzichten.

- Verzicht oder Zurückhaltung mit Dateianhängen!
  Personalchefs haben oft wenig Interesse, sich mit Dateien zu plagen, die sich nicht öffnen lassen und womöglich sogar Viren enthalten. Bei einigen Unternehmen landen solche Bewerbungen samt ungeöffnetem Anhang u. U. gleich im elektronischen Papierkorb. Möchten Sie unbedingt eine Datei anhängen, besprechen Sie dies zuvor mit dem Empfänger, und erfragen Sie auch das geeignete Format. Komprimierte Dateien erfordern sowohl das entsprechende Programm beim Empfänger als auch Zeit zum Entpacken. Zu große Dateien hingegen benötigen möglicherweise mehrere Minuten, um vom Empfänger herunter geladen zu werden.

- Keine unvollständigen Angaben
  Überprüfen Sie, ob Ihre Bewerbung u. a. auch folgende Angaben enthält: Die

Position, auf die Sie sich bewerben und wenn möglich das Erscheinungsdatum der Stellenanzeige, die Quelle der Stellenanzeige (Zeitung, Internet-Seite,...) und ihre komplette Adresse bzw. die E-Mail-Adresse, über die Sie kontaktiert werden wollen.

- Online-Bewerbung nur mit eigener E-Mail-Adresse
  Schnell und unkompliziert - so soll auch der Empfänger Ihrer Bewerbung behandeln können. Ermöglichen Sie es ihm, ebenfalls per Mail zu antworten. Es gibt inzwischen viele Anbieter kostenloser E-Mail-Adressen (lycos.de, gmx.net, ...). Ihre Mails können Sie dann von jedem Computer mit Internetanschluss und nur mit einem Passwort abfragen. So laufen Sie nicht Gefahr, dass z. B. die Rückantwort auf Ihre Bewerbung von fremden Personen gelesen wird. Vergessen Sie aber nicht, Ihr Postfach regelmäßig zu checken.

- "Hallo liebe leute"?
  Rechtschreibfehler, unvollständige, grammatikalisch falsche Sätze und flapsige Bemerkungen kennzeichnen leider einen Großteil der Online-Bewerbungen. Ein makelloser Stil verschafft Ihnen hier einen großen Pluspunkt. Denken Sie daran: Die Online-Bewerbung vermittelt Ihrem Gegenüber den ersten, aber gerade aufgrund der mediumbedingten Anonymität entscheidenden Eindruck.

- Bewerbungs-Homepage
  Wenn Sie über eine (Bewerbungs)-Homepage verfügen: Verweisen Sie auf diese im Anschreiben als Referenz. Alle wichtigen persönlichen Angaben sowie mindestens das Anschreiben sollten in der E-Mail bzw. dem Bewerbungsformular stehen. Mit einer anspruchs- und niveauvollen Homepage rennen Sie gerade bei Agenturen und in der Multimediabranche offene Türen ein. Kein Personalchef wird sich dagegen für die neonfarben umrandeten Fotos Ihres liebsten Freundes Bubu im Bademantel interessieren. Urlaubsfotos und billige Animationen haben auf einer für Bewerbungen bestimmten Homepage ebenfalls nichts zu suchen.

Buchtipps: Hier finden Sie weitere Literatur, die sich mit dem Thema befasst: www.berufszentrum.de/buecher.html

VISITENKARTEN-CD
oder: Bewerbung mit einer Visitenkarten-CD

Für bestimmte Gelegenheiten eignet sich die große und unhandliche Bewerbungs-mappe schlecht oder überhaupt nicht. So z. B. auf einer Messe oder während einer Besprechung mit dem potentiellen Arbeitgeber auf einem Kongress. Modern und fortschrittlich bietet sich in dieser Gelegenheit eine digitale Bewerbung an, gebrannt auf einer CD oder besser Visitenkarten-CD an.

Vorteile

Das Überreichen einer Visitenkarten-CD an einen potentiellen Arbeitgeber wirkt nicht überfordernd, aber sehr elegant - und für Sie unkompliziert.

Gerade auf Messen und bei Kongressen können Sie diese Visitenkarten-CD sehr leicht übergeben. Einfacher und professioneller geht es nicht!

Die Visitenkarten-CD ist wirklich nur so klein wie eine Visitenkarte und hat eine erstklassige Verarbeitung!

Jede Visitenkarte wird in einer durchsichtigen Schutzhülle geliefert. Von außen soll-te Ihr Foto auf der Visitenkarte in sehr guter Qualität zu erkennen sein.

Eine erstklassige Programmierung, nach Ihren Wünschen erstellt und mit einem Top-Foto auf der Visitenkarten-CD, lassen keine Wünsche offen.

Buchtipps: Hier finden Sie weitere Literatur, die sich mit dem Thema befasst: www.berufszentrum.de/buecher.html

BEWERBUNGSMAPPE
oder: Aufmachung, Versand, Adresse, Porto, Verpackung

Bewerbungsmappe

Die **Bewerbungsmappe** enthält mindestens ein Anschreiben, den Lebenslauf, das Bewerbungsfoto und die Zeugnisse. Je wichtiger die Bewerbungsunterlage ist, desto weiter vorne wird sie abgeheftet. Der Hefter wird in einem **Versende-Umschlag** an das Unternehmen versendet.

- Verwenden Sie in Ihrer Bewerbung eine **einzige gut lesbare und seriöse Schriftart** (z. B. Times Roman, Arial). Für Hervorhebungen etc. bedienen Sie sich des Kursiv- und des Fettdrucks.
- Sparen Sie nicht bei der **Qualität des Papiers**. Verwenden Sie nur feines, weißes Papier (90 - 120 g/m²), kein buntes oder recyceltes Papier.
- Ihre Unterlagen sollten Sie mit einem guten **Laser- oder Tintendrucker** ausdrucken, nicht mit einem Nadeldrucker.
- Achten Sie auf **Vollständigkeit Ihrer Bewerbungsunterlagen**. Die Unterlagen müssen auf dem letzten Stand sein.
- Die Kopien (Zeugnisse) müssen **beste Qualität** aufweisen. Verwenden Sie bis auf beigelegte Zeugnisse und sonst. Nachweise nur Originale. Auf keinen Fall den Lebenslauf kopieren.
- Lassen Sie Ihre Bewerbungsmappe nicht zu einem Roman werden.
- Alle Unterlagen sind geordnet in einem dezenten Bewerbungshefter (z. B. Duraclip) enthalten. Die Blätter nicht lochen. Keine Klarsichthüllen verwenden, denn diese lassen keine Notizen des Sachbearbeiters zu.
- Die Bewerbungsmappe und der Bewerbungshefter dürfen **nicht geknickt oder gefaltet** werden.
- Versenden Sie Ihre Bewerbung in einem passend großen Briefumschlag oder einer Versendeumschlag (Din-A4) mit verstärktem Rücken oder eine Kartonage.
- Verwenden Sie eine **korrekte Umschlaggestaltung**. Machen Sie keine Experimente bei Adresse, Absender oder Briefmarkenpositionierung.
- Der Versendeumschlag mit der **richtigen Adresse** versehen, sauber handgeschrieben (Druckbuchstaben sind gut lesbar) oder wasserecht gedruckt auf eine Etikett (keine Druckertinte). Der zuständige Sacharbeiter oder Personalverantwortliche gehört mit in die Adresse.
- Den Versendeumschlag mit dem **richtigen Absender** versehen.
- Auf den **korrekten Portobetrag** der Briefmarken ist sehr zu achten. Wenn das angeschriebene Unternehmen Nachporto-Gebühren zahlen muss, haben Sie schlechte Karten!
- Versenden Sie Ihre Bewerbung auf dem ganz normalen Postweg, nicht als Express oder Eingeschrieben.
- **Unterlagen nur einmal verwenden!** Geschulte Sachbearbeiter erkennen an kleinsten Flecken und Knicken, wenn Unterlagen schon einmal verwendet wurden.
- Lassen Sie drei Wochen vergehen, bevor Sie sich telefonisch nach dem Verbleib Ihrer Bewerbung erkundigen, wenn Sie noch **keine Benachrichtigung** erhalten haben.

Erstklassige Bewerbungsmappen: In unserem Bewerbungsmappen-Shop finden Sie eine große Auswahl exzellenter, hochwertiger Bewerbungsmappen aus Karton und linierten Kunststoff. Die Bewerbungsmappen werden exklusiv hergestellt und erfreuen den Bewerber durch die gute Qualität und Aufwertung seiner Bewerbung:

www.bewerbungsshop24.de

Neben den typischen Komponenten (Lebenslauf, Foto, Zeugnisse, etc.) gibt es zusätzlich neue Möglichkeiten, die sehr effektiv eingesetzt werden können:

- Deckblatt
- Inhaltsübersicht
- Einleitungsseite
- Seite mit persönlichen Daten
- so genannte "Dritte Seite" (Motivation oder Berufliche Erfolge oder Projekte...)
- evtl. Referenzen
- Anlagenverzeichnis
- evtl. Arbeitsproben

Versand

Zum Verschicken sollten Sie einen großen und festen Umschlag wählen. Eselsohr und Knicke sind scheußlich. Zwingen Sie den Umschlag nicht in Ihre Schreibmaschine, sondern verwenden Sie einen Aufkleber. Vermeiden Sie Strafporto. Überflüssig und eher negativ wirken Eilsendungen oder Einschreiben. Vergessen Sie nicht, ausreichend oft Ihren Absender zu vermerken, da Ihre Unterlagen auseinander sortiert werden könnten. Ihre Adresse gehört auf das Anschreiben, die Rückseite Ihres Fotos, den Lebenslauf, eventuell auf Zeugnisse und auf den Briefumschlag.

Haben Sie nach 20 Tagen noch keine Antwort auf Ihre Bewerbung erhalten, können und sollten Sie telefonisch nachfragen.

Buchtipps: Hier finden Sie weitere Literatur, die sich mit dem Thema befasst: www.berufszentrum.de/buecher.html

BEWERBUNGSFOTO
oder: Wie sieht ein gutes Bewerbungsfoto aus?

Das **Bewerbungsfoto** ist schnell erarbeitet, aber trotzdem sehr wichtig. Ein schlechtes Foto bringt Sie um jede Chance auf ein Vorstellungsgespräch. Eine Studie in Köln zeigte, dass 50 Prozent aller Stellensuchenden aufgrund eines schlechten Fotos bei der Vorauswahl ausgeschieden sind.

So sollten Fotos für eine Bewerbung aussehen:

- Keine **privaten Fotos** oder Fotos vom Passbildautomat.
- So wie es Ihnen beliebt und besser zu Ihnen passt: Farbfoto oder Schwarzweißfoto.
- Lassen Sie sich ein **Porträtfoto** (Foto zeigt nur den Kopf, den Hals und evtl. einen Teil der Schultern und der Brust) mit den Maßen 65mm x 45mm vom Fachmann erstellen. Preis 15,-- bis 100,-- Euro.
- Ziehen Sie **seriöse Bekleidung** an, die zu Ihnen und der gewünschten beruflichen Position passt: Kostüm oder Hemd, mit Sakko mit/ohne Krawatte
- Schauen Sie offen, nett, freundlich, gepflegt mit einem leichten Lächeln in die Kamera.
- Das Farbfoto sollte nicht zu traurig oder trist, aber auch nicht zu bunt wirken. Hintergrund und Farben ihrer Kleidung müssen einen **guten Kontrast** ergeben.
- Das Schwarzweißfoto sollte ebenfalls einen guten Kontrast zwischen dem Hintergrund und der Kleidung geben.
- Achten Sie auf **Lichtspiegelungen** in der Brille und auf fettiger Haut.
- Lassen Sie mehrere Fotos von sich machen. Unterschiedlicher Hintergrund, Lichtvarianten, von links und von rechts, ernstes und fröhliches Gesicht, Farbe, Schwarzweiß usw. Nachher suchen Sie sich **das Beste** davon aus.
- Der Fotograf bewahrt für Sie das Negativ auf. Neue Abzüge sind dann relativ preiswert. Oder Sie erhalten Ihre Fotos digital auf einer CD und haben die Möglichkeit, jederzeit Bilder auszudrucken, wenn Sie eines brauchen.
- Falls Sie Ihr Bewerbungsfoto einscannen und mit einem (Farb-) Laserdrucker ausdrucken, muss die Bildqualität der eines "richtigen" Bewerbungsfotos entsprechen.
- Ein Bewerbungsfoto unterscheidet sich von Passbildern gravierend. Auf einen Bewerbungsfoto müssen Sie sich präsentieren und verkaufen. Auf dem Passfoto muss z. B. das Ohr frei sein zur Identifikation. Und das gehört nicht in eine Bewerbung hinein.

Wenn Sie es anders als Andere machen wollen:

- Falls Sie ein **größeres Lichtbild** (110mm x 80mm) verwenden wollen oder sich in einer Arbeitssituation ablichten lassen, sollten das nur gute und sehr gute Bewerber in Betracht ziehen. Jede Abweichung von der Norm bringt sonst Minuspunkte.
- Experimente lassen vermuten, dass Sie von den fachlichen Qualitäten ablenken wollen.

Wie Sie das Bewerbungsfoto präsentieren:

- Kleben Sie Ihr **Foto oben rechts** auf Ihren Lebenslauf oder bringen Sie es (bei einem größeren Format) auf dem Deckblatt an.
- Ein Klebestift à la Pritt bewährt sich zum Befestigen nicht! Nutzen Sie lösbare Klebestreifen, dann können Sie das Foto später wieder verwenden.
- Schreiben mit einem wasserfesten Faserstift auf die **Fotorückseite** Ihren Namen.
- Vermeiden Sie **Briefklammern**, weil Ihr Foto so auf dem Versandweg zerkratzt oder lose im Umschlag ankommen könnte. Eine Befestigung mit Heftklammern oder "Tackern" wäre auch schlicht stillos.
- Falls Sie den **weißen Rand** des Fotos abschneiden wollen, tun Sie es gewissenhaft. Schneiden Sie gerade und verschneiden Sie sich nicht.
- Vermeiden Sie den händisch gefertigten **schwarzen Rand**!

Buchtipps: Hier finden Sie weitere Literatur, die sich mit dem Thema befasst: www.berufszentrum.de/buecher.html

ANLAGEN
oder: Deck- und Anlagenblatt, Inhaltsverzeichnis

Eine Möglichkeit aus der Masse hervorzustechen, jedoch kein Muss, ist ein persönliches Deckblatt. Hier können Sie Ihre Kreativität und Ihre Bemühungen ins rechte Licht setzen eine Arbeitsstelle zu finden.

Hier noch ein paar Tipps:

- Titel z.B. "Bewerbungsunterlagen"
- Ein tolles Foto in ausgefallenem Format von Ihnen
- einem Schattenbild der zukünftigen Firma oder Stadt
- Anschrift
- Inhaltsverzeichnis der Bewerbungsmappe

Sinnsprüche für das Deckblatt

Beispiele:

"Wer aufgehört hat, besser zu werden, der hat aufgehört gut zu sein."
"Auf eingefahrenen Gleisen kommt man an kein neues Ziel" [Paul Mommertz]

Inhalts- / Anlagenverzeichnis

Bei einer Vielfalt der Zeugnisse ist es ratsam, ein Anlagenverzeichnis anzufertigen. Dies ermöglicht dem Leser, einen schnellen Überblick über die vorhandenen Zeugnisunterlagen zu bekommen, ohne sie einzeln durchzugehen.

Das Anlagenverzeichnis sollte aber wirklich nur dann angefertigt werden, wenn den Unterlagen mehrere Anhänge (z. B. Erstes und Zweites Staatsexamen, Arbeits- und Praktikumszeugnisse, Urkunden, Diplome, sonstige Nachweise) beigefügt werden.

Buchtipps: Hier finden Sie weitere Literatur, die sich mit dem Thema befasst:
www.berufszentrum.de/buecher.html

LEBENSLAUF
oder: Aufbau und Struktur des Lebens zusammengefasst

Der Lebenslauf ist die wesentliche Unterlage, anhand der Ihr potentieller neuer Arbeitgeber Sie beurteilen wird. **Häufig ist das erste Beurteilungskriterium, das der Betrachter aus Ihrem Lebenslauf ermittelt, die durchschnittliche Verweildauer in den einzelnen Positionen!**

Der Lebenslauf wird vom Personalsachbearbeiter auf Zeitfolgeanalyse (Lückenlosigkeit) und Positionsanalyse (Geradlinigkeit) geprüft.

- **Lücken im Lebenslauf** bedeuten nichts Gutes und werden negativ interpretiert. Viele (unterschiedliche) Arbeitsplätze innerhalb kurzer Zeit lassen auf geringes Durchhaltevermögen oder Schwierigkeiten schließen.
- Ein **nichtgradliniger Lebenslauf** bedeutet ebenfalls nichts Gutes. Hier wird überprüft, ob Ihr Berufsleben konsequent geplant ist.

Der Lebenslauf ist ausschlaggebend für die Einladung zu einem Vorstellungsgespräch. Wenn er wirklich überzeugen soll, sollten Sie ihn möglichst individuell und aktuell auf den angepeilten Arbeitsplatz zuschneiden.

Der Lebenslauf sollte ein knapper, sachlicher Text sein, der alle möglichen Fragen zu Ihrem Werdegang klar beantwortet. Er sollte nicht länger als 2-3 DIN A4-Seiten lang sein. Ein tabellarisch gestalteter Lebenslauf, ausgedruckt und nicht handgeschrieben, wird heute als Standard bevorzugt.

Als Lebenslaufaufbau hat sich folgende Einteilung für Berufliches, Persönliches und zur Ausbildung bewährt:

Kein Berufsanfänger: Beruf 60%, Ausbildung 30%, Persönliches 10%

Berufsanfänger: Ausbildung 80%, Persönliches 20%

TIPP: Als eine neue Lebenslauf-Erweiterung können Sie ein drittes Blatt zum Lebenslauf beifügen. Der Inhalt bezieht sich auf die Fragen, warum Sie sich für diese Stelle interessieren, was Sie dazu besonders befähigt, usw. Dieser kann auch mit der Hand geschrieben sein (Bitte in allerbester Handschrift).

Beim Erstellen des Lebenslaufes sollte Sie folgendes beachten:

Zur Person

- Geben Sie Namen, Geburtsdatum und -ort sowie den Familienstand (optional) zuerst an.
- Wenn Sie Kinder haben, geben Sie diese mit Geschlecht und Alter an. Zum Beispiel: "Zwei Töchter (3 und 7 Jahre), ein Sohn (5)".
- Keine Geburtsnamen, Hochzeitsdaten, Namen der Kinder, etc.
- Namen und Beruf Ihrer **Eltern** sowie Angabe von Geschwistern haben im Lebenslauf nichts zu suchen.

- Stellen Sie Ihre Person in den Vordergrund, aber nicht in den Mittelpunkt.

- Vermeiden Sie die Auflistung alltäglicher **Hobbys**. Angaben zum **Freizeitverhalten** machen Sie als freizeitorientiert verdächtig. Hier gilt: Hobbys sind dann **sinnvoll**, wenn Fähigkeiten vermittelt werden, die den Anforderungen des Stellenangebots entsprechen. Beispiel: Teamsportart = Teamfähigkeit

Zur Ausbildung

- Bei mehr als **zehn Jahren Berufspraxis** sollten Sie nur den letzten abgeschlossenen Ausbildungsschritt anführen; ansonsten alle Schritte inklusive Grundschule angeben.
- Geben Sie die Art der Schule oder des Institutes, den Abschluss und beim letzten Abschluss die Abschlussbewertung an. Die Bundeswehr bzw. den Zivildienst mit Datum, Ort, Aufgabe und Waffengattung und letztem Dienstgrad angeben.
- Keine Ausbildungsnachweise und Bescheinigungen von Fähigkeiten, die nicht in der Stellenanzeige genannt werden.
- **Fortbildungsmaßnahmen**, wie "Einführung in Windows" oder "Elektronische Textverarbeitung" machen Sie lächerlich. Esoterik- oder Töpferkurse können Ihnen alle Chancen nehmen.
- Fortbildungsmaßnahmen nicht übertreiben. Hier gilt: Optimal sind Zusatzqualifikationen, die in Bezug zur ausgeschriebenen Stelle stehen.
- Führen Sie nur die wirklich **relevanten Nachweise** auf, zum Beispiel: "IHK-Zulassung zum betrieblichen Ausbilder".
- Legen Sie für alle angeführten Fortbildungen Zeugniskopien bei.

Zum Beruf

- **Berufliche Schritte** klar darstellen: Firma, Ort, Aufgabe, Verantwortung, eventuell auch Umsatzverantwortung, Budget, Mitarbeiter und Ergebnisse
- **Änderungen der Position** innerhalb derselben Firma nicht in der linken Spalte zeitlich herausstellen
- Vom Unternehmen begründete Schritte (Konkurs, Umzug in eine andere Stadt, etc.) im Lebenslauf mit angeben

Allgemeines

- Alle **Zeitangaben** im Lebenslauf sollten möglichst genaue Angaben sein, die Jahreszahl (1999) und auch den Monat hinzufügen (03/99). Achten Sie auf eine einheitliche Schreibweise.
- Achten Sie darauf, dass der **Lebenslauf lückenlos** ist. Einzelne Monate ohne Beschäftigung sollten klar sein, zum Beispiel: "Nov 2003 Aufenthalt in USA" oder "Juni 1999 arbeit suchend".
- Liegt die **Verweildauer in den einzelnen Positionen** unter 2 Jahren oder hatten Sie insgesamt mehr als 8 Arbeitgeber, besteht die Gefahr, dass Sie schon sehr früh im Selektionsprozess aussortiert werden. Vermeiden Sie dies und erläutern Sie die besonderen Gründe für die Beendigung des Arbeitsverhältnisses.
- **Persönliche Gründe für einen Unternehmenswechsel**, wie zum Beispiel Heirat, Scheidung oder Todesfall in der Familie erwähnen Sie besser im Anschreiben

- Beurteilt ein **internationales Gremium** Ihre Bewerbung, fragen Sie per Telefonat, ob ein englischer Lebenslauf hilfreich ist.
- Der Lebenslauf ist in der **gleichen Sprache** zu verfassen wie die Stellenanzeige. In einer deutschen Bewerbung hat zum Beispiel ein englischsprachiges "CV" bzw. "Curriculum Vitae" nichts zu suchen.
- **Unterschreiben** Sie den Lebenslauf eigenhändig mit einem Füller.

Buchtipps: Hier finden Sie weitere Literatur, die sich mit dem Thema befasst: www.berufszentrum.de/buecher.html

DAS DRITTE BLATT
oder: Was den Bewerber motiviert

Das 3. Blatt zum Lebenslauf?

Die "Dritte Seite" wurde erst vor kurzem entwickelt und führte dazu, dass viele Bewerber aufgrund dieser neuen Anlage zu einem Vorstellungsgespräch eingeladen wurden. Die "Dritte Seite" schließt an den Lebenslauf an und transportiert die entscheidenden Argumente, warum der Bewerber zu einem Vorstellungsgespräch eingeladen wird und die vakante Stelle bekommen sollte. Überschriftgestaltung ist frei:

- Was Sie noch von mir wissen sollten ...
- Warum ich mich bewerbe?
- Was spricht für mich?

In wenigen kurzen Sätzen sollten Sie hier Aussagen zu Ihrer Person, Motivation und Kompetenz formulieren. Die Formulierung kann etwas persönlicher ausfallen, z. B. "Meine besondere Stärke ist mein hohes Organisationsvermögen, welches mir ermöglicht, eine Vielzahl von Aufgaben sicher und zeitgerecht zu erfüllen. Zugute kommen mir dabei ein ausgeprägtes Kosten-Nutzen-Bewusstsein und die Fähigkeit, auch ungewohnte Problemlösungen zu finden. ..."

Eine andere Möglichkeit für ein drittes Blatt ist das Aufführen von besonderen beruflichen Erfolgen, Projekten oder sonstigen wichtigen Informationen zu Ihnen und Ihrer Berufstätigkeit, die besonders hervorgehoben werden sollten.

Wofür Sie sich auch immer entscheiden, vermeiden Sie auf jeden Fall, die 3. Seite dafür zu nutzen, um bereits genannte Informationen erneut aufzuführen oder mit leeren Floskeln zu füllen. Das macht die Bewerbung nur unnötig lang und kostet den Personalern wertvolle Zeit. Wenn Sie keinen überzeugenden Inhalt haben, lassen Sie die zusätzliche Seite lieber weg.

Unterschreiben Sie auch die "Dritte Seite" mit blauer Tinte.

Buchtipps: Hier finden Sie weitere Literatur, die sich mit dem Thema befasst: www.berufszentrum.de/buecher.html

DAS ARBEITSZEUGNIS
oder: Was alte Arbeitgeber von Ihnen halten

Referenzen

Als Referenzen eignen sich Personen, mit denen Sie zusammengearbeitet haben oder für die Sie längere Zeit tätig waren. In Ausnahmefällen kommen auch Personen des öffentlichen Lebens - z. B. Vorsitzender eines Vereines, Bürgermeister, Pfarrer - in Frage.

Zeugnis

Arbeitszeugnisse sind einer der Schlüssel zu einer erfolgreichen Karriere. Von einigen absoluten Top-Positionen abgesehen, müssen bei jeder Bewerbung makellose Referenzen vorgelegt werden.

Professionelle Muster-Arbeitszeugnisse

· Über 250 Arbeitszeugnisse sortiert nach Situation und Berufsgruppen
· Jeder Satz besteht aus den Noten: sehr gut – gut – mittel – schlecht
· Alle Muster-Arbeitszeugnisse sind durch Personalfachleute geprüft
· Versand im MS-Word®- und Acrobat-Format zum Sofort-Weiterarbeiten
· Jedes der Muster-Arbeitszeugnisse kostet nur 4,00 EUR
· Sie erhalten eine Rechnung, mit der Sie die Kosten steuerlich abschreiben können

www.berufszentrum.de/zeugnisbestellung.html

Verlassen Sie Ihr Unternehmen, dann haben Sie ein Recht auf ein Zeugnis. Zeugnisse werden unterschieden zwischen einem **einfachen Arbeitszeugnis** und einem **qualifizierten Arbeitszeugnis**. Der Arbeitgeber hat die Pflicht, laut dem Bürgerlichen Gesetzbuch, Ihnen ein Zeugnis zu bescheinigen, mit dem Sie keine Nachteile auf dem Arbeitsmarkt haben werden. Negative Formulierungen sind dabei unzulässig. Sprich: Das Zeugnis darf keine für Sie ungünstigen oder sogar unwahren Aussagen enthalten.

Bestandteile eines einfachen Arbeitszeugnisses

- Angaben zu Person
- Ein- und Austrittsdatum
- Stellenbezeichnung bzw. ausgeübte Funktion
- Schwerpunkte Ihrer Tätigkeit
- Verantwortungsbereich
- Wechsel innerhalb des Unternehmens (mit Datum)
- evtl. Vertretungsbefugnisse, Zeichnungsberechtigung, Prokura, etc.
- evtl. Versetzungen, Beförderungen, ...
- Angaben zur Firma

Bestandteile eines qualifizierten Arbeitszeugnisses

- Besonders hervorzuhebende Leistungen

- Stärken in Bezug auf die Ausübung Ihrer Tätigkeit
- persönliche Merkmale
- Grund für die Beendigung des Arbeitsverhältnisses (nicht bei Entlassung oder statt dessen erfolgter Auflösung des Vertrages)
- Grund für die Erstellung des Zeugnisses, zum Beispiel der Wechsel in einen anderen Unternehmensbereich
- zukunftsweisende Abschiedsformel (" zu unserem Bedauern ... für die Zukunft wünschen wir ..." oder ähnliches)

Was noch im qualifizierten Arbeitszeugnisses beachtet werden sollte

- In Arbeitszeugnissen werden Ihre wichtigen Schlüsselqualifikationen und Kernkompetenzen oft nicht richtig erwähnt.
- Gute Wünsche für eine berufliche und private Zukunft müssen enthalten sein.

Was nicht im Arbeitszeugnis stehen darf bzw. sollte

- Negative Beobachtungen und Bemerkungen
- Gehalt
- Kündigungsgründe
- Vorstrafen
- Abmahnungen
- Krankheiten
- Fehlzeiten
- Leistungsabfall
- Alkoholabhängigkeit
- Behinderungen
- Betriebsratstätigkeit
- Gewerkschaftsengagement - **Achtung**: Ein schwarzer Punkt am Seitenrand soll signalisieren, dass Sie Gewerkschaftsmitglied sind.
- Parteizugehörigkeit - **Achtung**: Ein Strich steht für "Mitglied einer linksgerichteten Organisation"
- Religiöses
- Engagement
- Nebentätigkeiten
- Ehrenämter
- Urlaubs- und Fortbildungszeiten
- Darüber hinaus darf im Text nichts unterstrichen, kursiv gedruckt oder gefettet werden.

TIPP: Was juristisch einwandfrei ist, muss noch lange kein gutes Zeugnis sein. Haben Sie nur ein einfaches Arbeitszeugnis erhalten, haben Sie noch das Recht auf ein qualifiziertes Arbeitszeugnis. Haben Sie ein qualifiziertes Arbeitszeugnis erhalten, das Ihnen - zu Recht oder Unrecht - nicht zusagt, haben Sie keinen Anspruch auf ein einfaches Zeugnis. Deshalb ist es besser, dass der Arbeitgeber Ihnen einen Zeugnisentwurf zur Stellungsnahme vorlegt. Wenn Sie mit dem Zeugnisentwurf unzufrieden sind, können Sie mit Ihrem (Ex-) Arbeitgeber über Verbesserungen sprechen.

Die Geheimsprache der Zeugnisse

Auch wenn Ihr (Ex-)Chef das Zeugnis in bester Absicht schreibt, kann die Sache für Sie übel ausgehen. Dann nämlich, wenn Ihr Vorgesetzte mit den Feinheiten der

Zeugnisgeheimsprache nicht vertraut ist. Im ehrlichen Glauben, Ihnen gute Leistungen zu bescheinigen, kann eine bestimmte Formulierung von anderen Arbeitgebern als ein eindeutig negatives Werturteil verstanden werden.

Leider hat sich in Deutschland diese **Geheimsprache** in die Zeugnisformulierung eingeschlichen. Mit dieser Geheimsprache werden ungünstige Beurteilungen möglichst positiv klingend gemacht, damit keine ungesetzlichen Aussagen über den Arbeitnehmer getroffen werden.

Aber Achtung: Viele weitere Bewerbungsratgeber, die vorgeben diese Codes entschlüsseln zu können, widersprechen sich häufig in wesentlichen Teilen. So z. B., ob die Formulierung "zu unserer vollsten Zufriedenheit" gegenüber "zu unserer vollen Zufriedenheit" schlechter oder besser zu bewerten ist.

TIPP: Falls Sie möchten, dass Ihr Zeugnis nicht mit der Geheimcodesprache interpretiert wird, können Sie folgende Formulierung vor dem Schlusssatz im Zeugnis setzen lassen: "Dieses Zeugnis enthält keine verschlüsselten Formulierungen (GewO §113, Abs. 3). Eine Interpretation im Sinne einer "Zeugnissprache" würde die Aussage dieses Zeugnisses nicht im Sinne der Verfasser wiedergeben."

Hier eine Liste entschlüsselter Geheimcodes in Zeugnissen unterteilt in Kategorien:

Zeugnisinhalt	Bedeutung
Allgemein	
...bewies stets Einfühlungsvermögen für die Belange der Belegschaft.	Er suchte Sexkontakte im Betrieb.
... war ein gewissenhafter Mitarbeiter.	Er war zur Stelle, wenn man ihn brauchte, aber nicht immer brauchbar.
... trug zur Verbesserung des Betriebsklimas bei.	Er hat vielleicht Alkoholprobleme
... galt im Kollegenkreis als toleranter Mitarbeiter.	Er kam nicht mit den Vorgesetzten zurecht.
... hat die ihm übertragenen Arbeiten zu unserer vollen Zufriedenheit erledigt.	Er arbeitet nicht mehr als befriedigend.
... hat die ihm übertragenen Arbeiten stets zu unserer vollen/vollsten Zufriedenheit erledigt.	Er arbeitet gut.
... Verhalten zu Mitarbeitern und Vorgesetzten war vorbildlich.	Er arbeitet nicht mehr als befriedigend. (Mitarbeiter wird genannt vor dem Vorgesetzten!)
... Verhalten zu Vorgesetzten und Mitarbeitern war vorbildlich.	Er arbeitet gut.
... (Kassierer/in) war pünktlich und fleißig.	Sie ist nicht ehrlich.
Fachwissen & Anwendung	
... er besitzt ein hervorragendes, jederzeit verfügbares Fachwissen und löste durch ihre/seine sehr sichere Anwendung selbst schwierigste Aufgaben.	Entspricht sehr gut den Anforderungen

... verfügte über ein abgesichertes, erprobtes Fachwissen und löste durch seine sichere Anwendung auch schwierige Aufgaben.	Entspricht gut den Anforderungen
... verfügte über das erforderliche Fachwissen und setzte es Erfolg versprechend ein.	Entspricht im Allgemeinen den Anforderungen
... verfügte über Fachwissen und setzte es ein.	Entspricht nicht den Anforderungen

Initiative & Aktivität

... hatte immer wieder ausgezeichnete Ideen, gab wertvolle Anregungen. ... ergriff selbstständig alle erforderlichen Maßnahmen und führte sie entschlossen durch.	Entspricht sehr gut den Anforderungen
... hatte oft gute Ideen, gab weiterführende Anregungen ... ging alle Aufgaben tatkräftig an und handelte selbstständig.	Entspricht gut den Anforderungen
... gab gelegentlich eigene Anregungen ... übernahm die übertragenen Aufgaben und führte sie aus.	Entspricht im Allgemeinen den Anforderungen
... übernahm die übertragenen Aufgaben und führte sie unter Anleitung aus.	Entspricht nicht den Anforderungen

Ausdauer & Belastbarkeit

Wir haben sie/ihn als eine/n ausdauernde/n und außergewöhnlich belastbare/n Mitarbeiter/in kennen gelernt, die/der auch unter schwierigsten Arbeitsbedingungen alle Aufgaben bewältigte.	Entspricht sehr gut den Anforderungen
Wir haben sie/ihn als eine/n ausdauernde/n und gut belastbare/n Mitarbeiter/in kennen gelernt, die/der und auch unter Termindruck ihre/seine Aufgaben bewältigte.	Entspricht gut den Anforderungen
Wir haben sie/ihn als eine/n Mitarbeiter/in kennen gelernt, die ihre/der seine Aufgaben erfüllend den Anforderungen gewachsen war.	Entspricht im Allgemeinen den Anforderungen
Wir haben sie/ihn als eine/n Mitarbeiter/in kennen gelernt, die ihre/der seine Aufgaben im Allgemeinen erfüllte und den normalen Anforderungen gewachsen war.	Entspricht nicht den Anforderungen

Fleiß & Sorgfalt

| Anhaltenden Fleiß verband ... mit unverkennbarer Freude an ihrer/seiner Tätigkeit. Sie/er arbeitete sehr genau und gründlich und äußerst gewissenhaft. | Entspricht sehr gut den Anforderungen |
| Fleiß verband ... mit Freude an ihrer/seiner Tätigkeit. Sie/er arbeitete gründlich, gewissenhaft und sorgfältig. | Entspricht gut den Anforderungen |

... zeigte einen zufrieden stellenden Fleiß. Sie/er war ordentlich und handelte mit Sorgfalt.

Entspricht im Allgemeinen den Anforderungen

... zeigte mitunter Fleiß und bemühte sich um Sorgfalt.

Entspricht nicht den Anforderungen

Arbeitsweise & Leistungsstand

Durch ihre/seine sehr zügige und exakte Arbeitsweise erbrachte sie/er auch in Ausnahmesituationen eine voll(st) zufrieden stellende Leistung.

Entspricht sehr gut den Anforderungen

Durch ihre/seine zügige und exakte Arbeitsweise erbrachte sie/er eine voll zufrieden stellende Leistung.

Entspricht gut den Anforderungen

Durch ihre/seine recht zügige und exakte Arbeitsweise erbrachte sie/er eine zufrieden stellende Leistung.

Entspricht im Allgemeinen den Anforderungen

Durch ihre/seine Arbeitsweise erbrachte er/sie mitunter eine zufrieden stellende Leistung.

Entspricht nicht den Anforderungen

Auftreten & Verhalten

Wir bescheinigen Frau/ Herrn gern, dass sie/er äußerst sicher und bestimmt in ihrem/seinem Auftreten war und hervorragende Umgangsformen hatte. Sie/er zeigte ein gesundes Selbstvertrauen.

Entspricht sehr gut den Anforderungen

Wir bescheinigen Frau/ Herrn gern, dass sie/er korrekt und sicher in ihrem/seinem Verhalten war, gute Umgangsformen und ein natürliches und freies Auftreten hatte.

Entspricht gut den Anforderungen

Wir bescheinigen Frau/ Herrn gern, dass sie/er bescheiden und zurückhaltend, ruhig und anpassungsfähig war und korrekte Umgangsformen hatte.

Entspricht im Allgemeinen den Anforderungen

Wir bescheinigen Frau/ Herrn dass sie/er über entsprechende Umgangsformen verfügte.

Entspricht nicht den Anforderungen

Zusammenarbeit & Kontaktpflege

Aufgrund ihres/seines Entgegenkommens ihrer/seiner Aufgeschlossenheit für alle Kollegen war er/sie in höchstem Grade beliebt und geachtet.

Entspricht sehr gut den Anforderungen

Aufgrund ihrer/seiner Aufgeschlossenheit für alle Kollegen war sie/er beliebt und geachtet.

Entspricht gut den Anforderungen

Entgegenkommend und freundlich nahm sie/er im Kollegenkreis am Geschehen teil.

Entspricht im Allgemeinen den Anforderungen

Im Allgemeinen nahm sie/er im Kollegenkreis am Geschehen teil.

Entspricht nicht den Anforderungen

Führungsverhalten

Da sie/er es sehr gut verstand, die Mitarbeiter zu motivieren, die Aufgaben optimal delegierte und dabei klare und eindeutige Anweisungen erteilte, genoss sie/er als Vorgesetzte/r volle Anerkennung.

Entspricht sehr gut den Anforderungen

Da sie/er die Mitarbeiter motivierte, die Aufgaben geschickt delegierte und dabei klare Anweisungen erteilte genoss sie/er als Vorgesetzte/r Anerkennung.	Entspricht gut den Anforderungen
Da sie/er die Aufgaben delegierte und ihre/seine Rolle als Vorgesetzte/r nicht hervorhob, war sie/er bei ihren/seinen Mitarbeitern geschätzt.	Entspricht im Allgemeinen den Anforderungen
Sie/er bemühte sich, die Mitarbeiter zu motivieren und von ihnen geschätzt zu werden.	Entspricht nicht den Anforderungen

Zeugnisse für das Ausland

Wenn Sie sich im Ausland bewerben möchten, und Ihr Zeugnis einfach in eine andere Sprache übersetzt wird, ohne dass Sie wissen, worauf es jenseits deutscher Grenzen ankommt, kann das für Sie schlecht ausgehen. Länderspezifische Hilfe in fünf Sprachen (Deutsch, Englisch, Französisch, Italienisch und Spanisch) gibt es bei www.auslandsbewerbungen.de. Unsere Mitarbeiter überprüfen, ob Ihre Unterlagen im Ausland zum Karrierekiller werden, und überarbeiten sie kostenpflichtig nach Wunsch.

Rechtsberatung durch einen Juristen

Das Berufszentrum führt Rechtsberatungen durch. Haben Sie Fragen wie

- Ich habe das Gefühl, dass ich mit meinem Zeugnis keine Karrierechancen habe. Ist es zu schlecht für das, was ich geleistet habe? Was soll ich nun tun? Habe ich denn das Recht auf ein neues Zeugnis?
- Habe ich ein Recht darauf, dass eine bestimmte Kernkompetenz in mein Zeugnis aufgenommen wird?
- Mein Arbeitgeber will meine Zeugnisentwürfe nicht unterschreiben. Was für Möglichkeiten habe ich?
- Ich möchte mein Zeugnis auf Rechtssicherheit juristisch prüfen lassen.

Dann sollten Sie sich an unseren zur Rechtsberatung ermächtigten Anwalt wenden. Wir empfehlen Ihnen, die Rechtsanwaltskanzlei Stefan Ott (Bad Oeynhausen), in der Sie auch per E-Mail und Telefon (Vorabauskunft) beraten werden:

www.berufszentrum.de/rechtsberatung.html

Häufige Fragen

»Darf mir der Arbeitgeber ein codiertes Arbeitszeugnis ausstellen?

Nein, Codes ("Er tat sein Möglichstes", "Er arbeitete gemäß seinen Fähigkeiten", "Sie gab ihr Bestes", "Er zeigte eine stets gleich bleibende Arbeitsleistung") sind rechtswidrig. Ein Arbeitszeugnis muss wahrheitsgetreu, wohlwollend und klar abgefasst sein und es muss vollständig sein.

»Wie oft darf ich ein Zwischenzeugnis verlangen?

Jederzeit, gemäß Gesetz. Jedoch ist es rechtsmissbräuchlich, wenn Sie als Arbeitnehmer immer wieder zum Arbeitgeber gehen und eines verlangen, obwohl kein einsehbarer Grund vorliegt.

»Was kann ich tun, wenn ich mit dem Inhalt des Arbeitszeugnisses nicht einverstanden bin?

Formulieren Sie einen Gegenvorschlag. Falls der betreffende Arbeitgeber damit nicht einverstanden ist, liegt die Beweispflicht bei Ihnen. D.h., Sie müssen beweisen, dass Sie besser gearbeitet haben, als dies im Zeugnis steht (z.B. durch Qualifikationen, sofern diese regelmäßig, umfassend und ausführlich stattgefunden haben).

»Ich wechsle innerhalb der Firma die Abteilung. Ist es nötig, dass ich mir ein Zwischenzeugnis ausstellen lasse?

Es ist von Vorteil, wenn Sie sich ein Zwischenzeugnis ausstellen lassen. Falls Sie sich mit Ihrem neuen Vorgesetzten nicht vertragen, können Sie bei einer Bewerbung das Zwischenzeugnis des vorherigen Vorgesetzten beilegen.

»Reicht auch ein mündliches Arbeitszeugnis?

Nein, ein 'mündliches Zeugnis' gilt als Referenzauskunft, nicht aber als Zeugnis. Alle Zeugnisse müssen schriftlich abgefasst sein, um im rechtlichen Sinn als Urkunde zu gelten.

Das Zeugnis muss auf dem Firmenbriefpapier mit entsprechendem Original-Briefkopf ausgedruckt werden (Ziel: Unverwechselbarkeit).

Unterschrieben wird das Zeugnis von einem Höhergestellten. Der Unterzeichnende muss ein Geschäftsführer sein oder sein i.V. oder ppa.

Der direkte Vorgesetzte kann auch ohne solche Vorrechte mitunterzeichnen, denn durch die Unterzeichnung erhält er die Vollmacht dazu.

Mit der Unterschrift ist der Unterzeichnende rechtlich belangbar.

»Mein ehemaliger Arbeitgeber hat mich im Arbeitszeugnis nicht so positiv beurteilt, wie ich es erwartet hatte. Er beharrt jedoch auf seinem Standpunkt. Kann ich die gewünschten Änderungen selber vornehmen?

Nein, ein Arbeitszeugnis ist eine Urkunde. Sie würden damit also Urkundenfälschung betreiben. Urkundenfälschung gilt nicht als sog. Bagatelldelikt und wird mit einer Geldstrafe belegt, resp. in einem schwerwiegenderen Fall mit Gefängnis.

»Ich bin vor mehreren Jahren aus der Firma ausgeschieden. Kann ich jetzt noch ein Arbeitszeugnis verlangen?

Die Verjährung für den Zeugnisanspruch und für Änderungsanträge im Arbeitszeugnis beträgt zwischen 5 und 10 Jahre. Das Recht kann durch den Arbeitnehmer auch längerfristig geltend gemacht werden. Es wird ihm aber nicht mehr gegen den Willen der Gegenpartei zugesprochen. Der Arbeitgeber muss die Personalakte 10 Jahre lang nach Beendigung des Arbeitsverhältnisses aufbewahren.

UNTERLAGEN & CO.
oder: Arbeitsproben, Handschriftenprobe, ...

Zu den sonstigen Unterlagen im Rahmen einer Bewerbung gehören Referenzen, Arbeitsproben, Handschriftprobe, polizeiliches Führungszeugnis, Gesundheitszeugnis. Diese werden der Bewerbungsmappe nur auf ausdrückliche Anforderung des personalsuchenden Unternehmens beigelegt.

Arbeitsproben
Wenn Sie Arbeitsproben beilegen, achten Sie auf Ihre bestehende Geheimhaltungspflicht gegenüber Ihrem derzeitigen Arbeitgeber. In der Regel sollten Sie Ihre Bewerbung als Arbeitsprobe betrachten.

Handschriftenprobe
Eine Handschriftenprobe bzw. ein handschriftlicher Lebenslauf wird heute nur noch selten verlangt.

Polizeiliches Führungszeugnis
Ein polizeiliches Führungszeugnis erhalten Sie auf Antrag von der Verwaltung der Gemeinde/Stadt, in der Sie mit erstem Wohnsitz gemeldet sind.

Gesundheitszeugnisses
Wegen eines Gesundheitszeugnisses sollten Sie sich an Ihren Hausarzt wenden.

Veröffentlichungsliste
Eine Veröffentlichungsliste auf einem Extrablatt kommt nur in Frage, wenn mindestens 3 Ihrer Arbeiten veröffentlicht worden sind. Falls Sie z. B. Ihre Magister- oder Doktorarbeit veröffentlicht und dem entsprechenden Zeugnis in der Bewerbungsmappe ein zusätzliches Blatt mit der Kurzfassung beigefügt haben, empfiehlt sich der Hinweis auf die Veröffentlichung auf diesem Blatt. Andernfalls lässt sich der Veröffentlichungshinweis auch im Lebenslauf, dort, wo auch die Magister- bzw. Promotionsprüfung erwähnt ist, unterbringen.

Eine Liste der Veröffentlichungen beginnt sinnvollerweise mit dem Vor- und Nachnamen links oben; dann folgt nach ca. 6 Leerzeilen die Überschrift "Veröffentlichungen:"; nach weiteren 3 Leerzeilen folgen in chronologischer Reihenfolge die Veröffentlichungshinweise. Diese sind durch Absätze (1 Leerzeile) getrennt und jeweils ab der zweiten Zeile ca. 1 cm eingerückt. Der einzelne Veröffentlichungshinweis ist üblicherweise folgendermaßen aufgebaut:

- Vor- und Nachname des Autors/der Autoren (mehrere Autoren getrennt durch Kommata)
- Titel der Veröffentlichung (ohne Anführungszeichen)
- Erscheinungsort und Jahr - bei einem Sammelband oder einer Zeitschrift: zunächst der Titel des Bandes bzw. der Zeitung, dann der Herausgeber (Sammelband), dann Erscheinungsjahr
- Nummer der Ausgabe (Zeitschrift) und Seitenzahl

Buchtipps: Hier finden Sie weitere Literatur, die sich mit dem Thema befasst: www.berufszentrum.de/buecher.html

NACHFASSBRIEF & CO.
oder: Der Bewerbung nachfassen und eine Zusage erhalten

Nachfassbrief

Wenn Sie unmittelbar nach Ihrem Vorstellungsgespräch das Gefühl haben, dass Sie in der engeren Bewerberauswahl sind, sollten Sie sich eventuell durch einen Nachfassbrief in Erinnerung bringen. Sie können Ihre Motivation dadurch nochmals betonen.

Haben Sie innerhalb einer Frist von etwa 3-4 Wochen noch keine Antwort auf Ihre Bewerbung erhalten, sollten Sie "nachfassen", d. h., Ihr Interesse an der Position noch einmal bekunden, indem Sie sich bei dem Unternehmen nach dem Stand des Bewerbungsverfahrens erkundigen.

Unterschätzen Sie nicht den Faktor »Intuition«, der trotz der Vielzahl von Ausleseverfahren in den Unternehmen noch immer eine große Rolle spielt. Gehörte Ihre Bewerbung zu denen, die sofort ausgesiebt wurden, erhalten Sie die Unterlagen meist sehr schnell mit einer Standardabsage zurück. Wurden Sie in die engere Wahl genommen, bringt das ein persönlich gehaltenes Schreiben zum Ausdruck, verbunden mit dem Ratschlag, zu einem späteren Zeitpunkt noch einmal eine Bewerbung abzuschicken, oder man bietet Ihnen eine andere Position im Betrieb an. Gratuliert man Ihnen zu einer persönlichen Einladung, so gehören Sie zu den 4-8 Glücklichen, die in das engere Auswahlverfahren einbezogen wurden.

Auch nach einem Vorstellungsgespräch können Sie mit einem "Nachfassbrief" noch einmal zum Ausdruck bringen, was Sie motiviert und was Sie für diesen Arbeitsplatz qualifiziert. Allerdings sollten Sie sich ausschließlich auf das Vorstellungsgespräch beziehen und nicht etwa Sachen wiederholen, die Sie bereits in Ihrem Bewerbungsschreiben erzählt haben. Auch Einwände, die im Verlauf des Gesprächs vielleicht aufgetreten sind, können Sie durch einen gut formulierten Nachfassbrief entkräften und Ihr Bewerbungsvorhaben noch einmal einen großen Schritt nach vorne bringen.

Ihr Nachfassbrief sollte nicht länger als eine Seite sein - es soll der Eindruck vermieden werden, Sie wollten das Gespräch zurücknehmen oder hätten hier grundsätzlich nicht alles gesagt oder etwas verschwiegen. Und: Beziehen Sie sich in jedem Fall positiv auf das Gespräch und vermeiden Sie den Eindruck, Sie wollten Druck machen oder um eine positive Entscheidung betteln, falls Sie wirklich etwas zu bieten haben.

Zusage

Eine Zusage ist natürlich ein Grund zur Freude - und was liegt näher, als die Stelle anzunehmen. Haben Sie jedoch noch weitere "heiße Eisen", müssen Sie sich nicht sofort entscheiden. Sie können sich zwei Tage Bedenkzeit erbitten - aber dann müssen Sie zu- oder absagen.

Buchtipps: Hier finden Sie weitere Literatur, die sich mit dem Thema befasst: www.berufszentrum.de/buecher.html

CHECKLISTE
oder: Nichts vergessen bei der Bewerbung

Hier finden Sie die Checkliste aller notwendigen Schritte in kurzen Worten umschrieben. Nutzen Sie die Liste, bevor Sie die Bewerbung absenden.

Checkliste zur Berufsvorbereitung:

- Kennen Sie Ihre privaten und beruflichen Ziele?
- Sind Sie sich sicher, dass Sie das jetzige Unternehmen verlassen wollen?
- Sind Sie bereit die Kosten, die Zeit, die Nerven und das Risiko eines Wechsels zu tragen?
- Können Sie sich wirklich verbessern?

Checkliste zur Stellenangebote interpretieren:

- Passt die ausgeschriebene Position zu Ihren Zielen?
- Erfüllen Sie die Anforderungen und notwendigen Qualifikationen der Stellenanzeige?
- Kennen Sie das Unternehmen? Haben Sie sich über das Unternehmen informiert?
- Hatten Sie telefonischen Kontakt mit dem verantwortlichen Personalsachbearbeiter?

Checkliste zur Bewerbungsmappe:

Anschreibenkopf

- Ist das Anschreiben fehlerfrei?
- Ist die Adresse fehlerfrei und am richtigen Platz
- Korrekter Firmenname
- Korrekte Rechtsform
- Korrekter Name des Ansprechpartners / in der Adresse / im Grußwort
- Aussagekräftiger Betreff mit Zeitungsausgabedatum und -name
- Korrekter Ort und Datum
- Persönliche Anrede ohne Schreibfehler
- Grußformel und Unterschrift (eigenhändig u. mit Füllfederhalter)
- Auflistung der Anlagen
- Seriöse Schriftart

Anschreibentext

- Ist der Anschreibentext prägnant?
- Hauptteil kurz und präzis
- Hauptteil bestehend aus Qualifikation, Motivation und Übergang
- Konkreter Bezug zwischen genannten Anforderungen und eigenen Fähigkeiten
- Stand der Ausbildung und derzeitige Tätigkeit
- Aufforderung zur Kontaktaufnahme
- Unterschrift mit Füller (Name darunter auch gedruckt)

- Verweis auf Anlagen
- Evtl. Verweis auf Referenzen im P.S.
- Keine Schreibfehler

Lebenslaufinhalt

- Ist der Lebenslauf vollständig?
- Vor- und Zuname, Anschrift und Telefonnummer
- Geburtsdatum und -ort
- evtl. Religionszugehörigkeit
- evtl. Familienstand, ggf. Zahl und Alter der Kinder
- Staatsangehörigkeit
- Schulbildung, besuchte Schulen (Typen)
- Schulabschluss
- ggf. Hochschulstudium (oder vergleichbare Ausbildung), Fach/Fächer, Universität, Schwerpunkte, ggf. Thema der Examensarbeit, ggf. Promotion, Art der Examina
- Berufstätigkeit/Ausbildung
- ggf. Art der Berufsausbildung
- ggf. Ausbildungsfirma/-institution, evtl. mit Ortsangabe
- ggf. Abschluss evtl. mit Hinweis auf besonderen Erfolg
- Berufsbezeichnungen, -positionen, evtl. Kurzbeschreibungen, Arbeitgeber mit Ortsangaben, alles mit Zeitangaben
- ggf. berufliche Weiterbildung (Zusatzqualifikationen, etc.)
- ggf. außerberufliche Weiterbildung (Fremdsprachen, EDV, Führerscheine, etc.)
- ggf. Sonderinformationen (Auslandsaufenthalte, etc.)

Lebenslaufaufbau

- Ist der Lebenslauf professionell?
- Lebenslauf nicht länger als 2-3 DIN A4-Seiten
- Lebenslauf lückenlos, Zeitangaben korrekt
- Berufliche Schritte klar dargestellt
- Unterschrift und Datum mit Füller

Bewerbungsfoto

- Ist das Bewerbungsfoto professionell?
- Keine Fett- oder Lichtspiegelungen
- Guter Kontrast zwischen Person (Kleidung) und Hintergrund
- Name auf der Fotorückseite mit einem Faserstift geschrieben
- Foto oben rechts im Lebenslauf oder auf dem Deckblatt mit Klebestreifen anbringen

Sonstige Checks

- Sind die Zeugnisse und Referenzen professionell?
- Ist das Deckblatt professionell?
- Ist der Bewerbungshefter nicht geknickt oder gefaltet?
- Besitzen die Kopien (Zeugnisse) eine hochwertige Qualität?
- Sind alle Unterlagen auf hochwertigem, weißem Papier?

- Sind alle Unterlagen sind vollständig?
- Sind alle Unterlagen sind absolut aktuell und ungebraucht?
- Sind alle Unterlagen geordnet in dem Hefter enthalten?
- Den Versendeumschlag mit dem richtigen Absender und der richtigen Adresse versehen.
- Der Personalverantwortliche sollte in der Adresse enthalten sein.
- Ist der Brief-/Versendumschlag ausreichend frankiert?

Bitten Sie jemanden, nach Rechtschreib-, Satzbau- und Verständnisfehlern zu suchen

VORSTELLUNGSGESPRÄCH
oder: Die Entscheidung über Erfolg und Misserfolg

Was entscheidet im Vorstellungsgespräch über Ihren Erfolg und Misserfolg? Welche Schwachstellen befördern Sie ins "Aus"? Wie können Sie Ihr Bewerberverhalten verändern? Diese und viele weitere Punkte werden hier mit Ihnen erarbeitet werden.

Mit einer Einladung zu einem Vorstellungsgespräch, haben Sie den "Fuß in der Tür". Jetzt haben Sie Ihre Chance, sich persönlich zu präsentieren. Oder anders ausgedrückt, jetzt müssen Sie sich selbst verkaufen. Je besser Sie das können, umso wahrscheinlicher ist der Erfolg.

Das müssen Sie gleich erledigen, wenn Sie eine Einladung erhalten haben:

- Bestätigen Sie den Termin schriftlich.

- Falls der Benachrichtigung ein Personalfragebogen beiliegt, füllen Sie ihn aus. Wenn Sie sicher sind, dass der Fragebogen auf dem Postweg vor Ihrem Vorstellungsgespräch ankommt, dann schicken Sie ihn sofort ab. Ansonsten nehmen Sie ihn mit zum Gespräch.

Vorbereitung auf das Vorstellungsgespräch

- Versorgen Sie sich mit Informationen zum Unternehmen wie Umsatz der letzten Jahre, Anzahl der Mitarbeiter, Geschäftsfelder, Wettbewerber und den eventuellen Aktienkurs. Diese und mehr Informationen liefert der Geschäftsbericht des Unternehmens, den Sie sofort anfordern sollten. Eine weitere Informationsquelle liefert eventuell die Web-Site des Unternehmens. Schauen Sie sich auch unsere Informationsdienste zu Unternehmen dazu an.

- Stellen Sie Fragen zusammen. Mit Fragen zeigen Sie Interesse und haben die Möglichkeit das Gespräch aktiv mitzugestalten. Sie sollten jedoch keine grundsätzlichen Fragen stellen, denn das würde bedeuten, dass Sie sich nicht über das Unternehmen informiert haben.

- Planen Sie Ihre Anreise im Detail. Falls der Termin sehr früh morgens liegt, sollten Sie vielleicht einen Tag früher anreisen und übernachten. Denken Sie bei der Zeitplanung an Verzögerungen durch Stau, lange Wege auf dem

Firmengelände, Sicherheitskontrolle, ...

- Als Gesprächsunterlagen sollten Sie die Stellenanzeige, eine Kopie Ihrer Bewerbung, die Einladung und eventuell den Personalfragebogen bereithalten. Zusätzlich sollten Sie den Geschäftsbericht des Unternehmens bei sich haben.

- Überlegen Sie sich, wie viel Sie als Gehalt fordern wollen, falls das Gespräch darauf kommt. Merken Sie sich die Bruttosumme als Jahresgehalt und als Monatsgehalt. Gleiches gilt für Ihr heutiges Gehalt.

Fragen, die Sie bei dem Vorstellungsgespräch beantworten sollten

- Bitte fassen Sie Ihren Lebenslauf mit den wichtigsten Stationen zusammen.

- Erzählen Sie etwas über sich.

- Was wissen Sie über uns?

- Nennen Sie uns Ihre wichtigsten Erfolge.

- Welche Ihrer Stärken würde Ihr Vater/Ihre Mutter nennen, welche Schwächen?

- Welche Tätigkeiten mögen Sie nicht?

- Was kritisiert Ihr heutiger Chef an Ihnen?

- Wie reagieren Sie auf Stress?

- Was wissen Sie über unser Unternehmen?

- Warum haben Sie sich bei uns beworben?

- Warum wollen Sie Ihre derzeitige Firma verlassen?

- Warum wollen Sie Ihren Arbeitsplatz wechseln?

- Was muss Ihr Vorgesetzter tun, um Sie zu Höchstleistungen anzuspornen?

- Welche waren die besonderen Eigenschaften Ihrer besten oder schlechtesten Vorgesetzten?

- Sagen Sie mir drei Ihrer Stärken und sagen Sie mir drei Ihrer Schwächen.

- Nennen Sie Ihre bedeutsamsten beruflichen Fehler.

- Warum soll ich Sie einstellen? Sagen Sie mir drei Gründe.

- Sagen Sie mir drei Gründe warum wir Sie nicht nehmen sollen.

- Was tun Sie zuerst, wenn Sie bei uns anfangen?

- Was würden Sie an Ihrem bisherigen Leben anders machen, wenn Sie es ändern könnten?

- Was sind die Erfolgsfaktoren der angebotenen Position?

- Was lesen Sie um sich weiterzubilden?

- Was würden Sie gerne verdienen?

- Was wollen Sie in fünf, zehn oder fünfzehn Jahren sein?

- Warum haben Sie sich bisher noch nicht selbständig gemacht?

- Wie verbringen Sie Ihre Freizeit?

- Angenommen, ich rede mit Ihrem Vorgesetzten, was würde er als Ihre größten Stärken und Schwächen bezeichnen?

- Können Sie unter Termindruck arbeiten?

- Wie haben Sie Ihr Stellenprofil verändert?

- Mögen Sie Stab- oder Frontarbeit? Warum?

- Welche Probleme, die zuvor keinem aufgefallen waren, konnten Sie in Ihrer jetzigen Stelle ausmachen?

- Glauben Sie nicht, Sie wären in einer Firma anderer Größenordnung besser aufgehoben? In einem anderen Unternehmenstyp?

- Wie lösen Sie Konflikte im Team?

- Was war die schwierigste Entscheidung, die Sie je treffen mussten?

Provozierende Fragen, die Sie bei dem Vorstellungsgespräch beantworten sollten

- Wer hat dieses Kostüm oder diesen Anzug für Sie ausgesucht?

- Glauben Sie, dass Sie mit diesem Schmuck oder dieser Krawatte Eindruck schinden können?

- Warum sind Sie so nervös?

- Glauben Sie, dass Sie mit diesen Unterlagen eine Stellung finden?

Fragen, die von dem Unternehmen bei dem Vorstellungsgespräch beantwortet werden sollten

- Fragen zum Unternehmen, die Sie nicht aus dem Unternehmensbericht beantworten konnten.

- Fragen, die durch den Geschäftsbericht aufgekommen sind.

- Fragen zur Position, besonderen Anforderungen, Berichtswege und Stellenbeschreibung.

- Fragen zu Ihrem Vorgänger, dem Grund seines Wechsels oder Dauer seines Verbleibs (z. B. bei Mutterschaftsurlaub).

- Fragen zum Führungssystem und Zielvereinbarung

- Fragen zu den Leistungen wie Gehalt, Urlaub, Kantine, Fortbildung, etc.

Während des Vorstellungstermins müssen Sie auch damit rechnen, dass Sie einen ungeübten Interviewer vorfinden. Dann könnte es sein, dass Sie zumindest den Beginn des Gespräches selbst in die Hand nehmen müssen. Bereiten Sie dafür Fragen vor.

So sollte Ihr Auftreten während des Vorstellungstermins sein

- Kleiden Sie sich seriös, aber nicht aufdringlich. Keine Experimente!

- Vermeiden Sie unruhige Farbkombinationen, Broschen, auffällige Krawatten, weiße Socken und alles, was die Aufmerksamkeit Ihrer Gesprächspartner von Ihrem Gesicht ablenken könnte.

- Wenn Sie die Gelegenheit haben herauszufinden, wie der Kleidungsstil im Unternehmen ist, nutzen Sie dies: Sie sollten sich ein wenig über diesem Standard einordnen.

- Seien Sie pünktlich!

- Denken Sie daran, dass es Ihr Ziel ist, künftig an jedem Morgen ein freundlichen Lächeln vom Pförtner, der Empfangsdame oder der Sekretärin Ihres Chefs zu bekommen. Was hält Sie davon ab, jetzt besonders freundlich zu sein?

- Nehmen Sie sich eine Tageszeitung oder ein Wochenmagazin als Lektüre mit.

- Wenn man Sie warten lässt, Sie aufgeregt sind und Ihre aufgestaute Energie Sie unruhig und zitterig macht, versuchen Sie Tipp 1 oder Tipp 2.

- TIPP 1: Fassen Sie im Sitzen mit beiden Händen links und rechts unter die Sitzfläche Ihres Stuhles. Spannen Sie Ihre Bizeps an und ziehen Sie die Sitzfläche mit aller Kraft an sich. Halten Sie dabei die Luft an und zählen Sie bis zehn.

- TIPP 2: Pressen Sie die Daumen, die Zeige- und den kleinen Finger gegeneinander. Die anderen Finger berühren die Handinnenfläche. Diese Übung löst die Spannung und ist nahezu unsichtbar, selbst wenn Sie in Gesellschaft warten.

So sollte das Gespräch und Ihre Körpersprache während des Vorstellungstermins sein

- Wenn Sie einen introvertierten Gesprächspartner vorfinden, gestalten Sie das Gespräch durch offene Fragen selbst (wie, wann, wo, wer, was?).

- Hören Sie aktiv zu - die Faustregel: 70% reden - 30% hören.

- Gehen Sie auf die Antworten Ihres Gegenübers ein.

- Antworten Sie mit modulierter Stimme.

- Drücken Sie sich mit passenden Worten aus. Vermeiden Sie Sätze wie "Sag ich mal..." oder Worte wie "man".

- Fragen Sie, ob Sie sich Notizen machen können. Fügen Sie neue Fragen in Ihre Frageliste ein.

- Nutzen Sie die intelligente Struktur Ihrer Liste, um die verbleibenden Fragen am Ende des Gespräches zu stellen.

- Bleiben Sie offen. Treten Sie selbstsicher auf.

- Achten Sie auf Ihre Körpersprache, vermeiden Sie z. B. verschränkte Arme.

- Bauen Sie keine Barrieren aus Kaffeetasse, Schreibblock oder sonstigen Utensilien auf.

- Halten Sie Blickkontakt, aber starren Sie nicht.

- Nehmen Sie sich vor diese Chance zu nutzen, um die Seele Ihres Gesprächspartners zu ergründen.

- Schreiben Sie auf, was Sie sehen. Sie kommen dann nicht erst in die Versuchung, ständig den Fußboden oder Ihren Bleistift zu fixieren.

- Versuchen Sie entspannt zu sitzen ohne die Beine übereinander zu schlagen. Setzen Sie beide Fußsohlen fest auf den Boden. Üben Sie das zu Hause.

- Testen Sie es selbst! Setzen Sie sich an einen Tisch gegenüber Ihrem Partner oder Freunden. Bitten Sie sie, einen kurzen Satz mit den Beinen auf dem Boden, mit überkreuzten Fußgelenken unter dem Stuhl oder mit überkreuzten Beinen zu sprechen. Bemerken Sie den Unterschied, auch wenn Sie nicht direkt sehen wie die Beine stehen? Wenn Sie "mit beiden Beinen auf dem Boden stehen" wirken Sie einfach überzeugender!

- Halten Sie die Hände ruhig. Wenn Sie Aktionismus verspüren, schreiben Sie irgendetwas auf oder wiederholen Sie den TIPP 1 oder TIPP 2.

So sollte das Vorstellungsgespräch enden

- Nehmen Sie sich genügend Zeit für das Gespräch. Es sollte Ihnen auf keinen Fall passieren, das Vorstellungsgespräch beenden zu müssen, weil Sie noch einen anderen Termin haben.

- Gchen Sie nicht hinaus, ohne dass Sie das Vorstellungsgespräch beurteilen.

- Sagen Sie, dass Sie das Gespräch gut fanden, der Job sie sehr reizt, das Unternehmen Sie noch mehr als zuvor interessiert, die Aufgabe spannend ist, oder was auch immer aus Ihrer Sicht eine faire, aber positive Quittung wäre.

- Machen Sie sich einen Aufkleber an die Innenseite des Verschlusses Ihrer Aktentasche, einen Knoten in das Lederband Ihrer Handtasche oder was immer Sie spätestens beim Einpacken Ihrer Unterlagen an die Quittung erinnert.

- Holen Sie sich jetzt auch Ihre Beurteilung!

- Fragen Sie, wie das Gespräch aus der Sicht Ihres Verhandlungspartners verlief, was der nächste Schritt der Gespräche sein würde, wie eine Bewertung des Gesprächs darstellbar wäre, etc.

- Bevor Sie gehen, prüfen Sie, ob Sie alle Fragen gestellt haben. Verabschieden Sie sich nach dem Ende des Gesprächs auch von Pförtner, Empfangsdame und Sekretärin und vergessen Sie nicht, eventuell Ihr Besucherschild wieder abzugeben.

ASSESSMENTCENTER
oder: Die Varianten, um Bewerber zu testen

Eignungstest

Eignungstests sind bei Personalverantwortlichen beliebt. Denn sie sind ein legitimes Mittel der Personalauswahl, mit dem sich die Verantwortung für eine Personalentscheidung ganz bequem auf andere - nämlich die Vertreter der psychologischen Zunft - abschieben lässt. Sie ähneln insoweit der - inzwischen selten gewordenen - Handschriftprobe. Zu den üblichen Tests gehören folgende Kategorien:

- Intelligenz-, Leistungs- und Konzentrationstests
  z. T. eine Zumutung für denjenigen, der seine Kenntnisse und Fähigkeiten schon durch umfangreiche und anspruchsvolle Examina unter Beweis gestellt hat
- Persönlichkeitstests
  um allgemeine menschliche Qualitäten wie emotionale Stabilität, Kontaktfähigkeit, Leistungsbereitschaft und Geschlechtsidentität zu messen, manchmal mit fragwürdigen Methoden
- Assessment-Center
  der Rundumschlag, um alle Aspekte der Bewerberpersönlichkeit zu erfassen

- Personalfragebögen
  zu einem frühen Zeitpunkt verschickt und manchmal Hunderte von Fragen umfassend, die an einen Persönlichkeitstest erinnern und durchaus denselben Zweck haben.

Die Vorbereitung auf Tests aller Art ist möglich und dringend anzuraten. Empfehlenswert - und nicht nur für künftige Azubis - sind Bücher in unserem Buchshop (www.berufszentrum.de/buecher.html).

Insbesondere bei Persönlichkeitstests ist es schwer, Ratschläge zu geben. Versuchen Sie sich in die Rolle der Personalverantwortlichen zu versetzen und fragen Sie sich, was er wohl hören will. Ausnahmsweise kann es auch richtig und positiv sein, eine Antwort zu verweigern, z. B. wenn Ihnen die Frage gestellt wird, ob Sie "...eher für die Todesstrafe oder für die Zwangssterilisation von Geisteskranken?" eintreten. Beeindrucken Sie Ihr Gegenüber damit, dass Sie sich eine solche Entscheidung nicht abnötigen lassen.

Assessmentcenter
Das Assessmentcenter ist ein Beurteilungs- und Bewertungsverfahren mit dem Ziel, durch eine Reihe von Verhaltens- und Arbeitsproben alle Aspekte der Bewerberpersönlichkeit zu erfassen. Die Dauer beträgt in der Regel 2 - 3 Tage und wird in manchen Unternehmen auch als eine Art Mini-Accessmentcenter innerhalb von ein paar Stunden durchgezogen.

In einem Assessmentcenter wird jeweils eine Gruppe von 6 bis 12 Bewerbern getestet. 3 bis 6 Beobachter schätzen Leistung und Verhalten der Kandidaten ein - und das in der Regel nicht nur während der eigentlichen Übungen, sondern auch in den Pausen, während des gemeinsamen Essens, beim "gemütlichen Beisammensein" am Abend usw. Verhaltensauffälligkeiten werden die Beobachter naturgemäß besonders registrieren.

Auf keinen Fall sollten Sie sich innerhalb der Gruppe als der/die Ruhige und Passive positionieren. Die Übungen sollen einen Bezug zum Arbeitsalltag und den Anforderungen an die Zielposition haben. Dies gelingt jedoch nicht immer. Nicht selten werden statt der gewünschten Qualifikation schauspielerische Qualitäten getestet.

Psychologische Tests

Im Rahmen von Personaleinstellungen haben in der Vergangenheit psychologische Tests größere Bedeutung gewonnen. Selbst bei der Einstellung von Auszubildenden im Handwerk werden sie heute gelegentlich verwendet.

Psychologische Tests bergen das Risiko einer tiefgreifenden Persönlichkeitsdurchleuchtung. Sie können zur Aussonderung aus dem Bewerbungsverfahren aus Gründen führen, die für den Bewerber weder nachvollziehbar noch zu kontrollieren sind.

Aus diesem Grunde werden Zulässigkeitskriterien für psychologische Tests entwickelt, über die im wesentlichen Einigkeit herrscht. Psychologische Tests sind demnach nur unter folgenden Voraussetzungen zulässig:

- Der Bewerber muss grundsätzlich in die Durchführung eines solchen Tests

einwilligen.
- Der Bewerber muss über die Funktionsweise des Tests und die von ihm zu erhebenden Daten informiert werden.
- Es muss sich um die Erhebung von arbeitsplatzrelevanten Daten handeln.
- Die Daten dürfen nicht durch eine andere Form der Befragung oder beispielsweise durch Vorlage von Bewerbungsunterlagen zu ermitteln sein.
- Die Untersuchung muss von einem Fachmann, also einem Psychologen, durchgeführt werden.

Zur Klärung der Frage, ob die Persönlichkeit des Bewerbers dem Anforderungsprofil des Unternehmens entspricht, sind Intelligenztests sowie Tests zur Kreativität des Bewerbers zulässig. Intelligenztests, die demgegenüber einzig und allein den Zweck haben, den Intelligenzquotienten des Bewerbers festzustellen, begegnen Bedenken, da diese Tests keinen konkreten Arbeitsplatzbezug haben.

Stressinterviews
Stressinterviews im Rahmen von psychologischen Tests sind unzulässig. Hierbei handelt es sich um Untersuchungen, inwieweit der Bewerber starke emotionale und intellektuelle Belastungen verkraftet. Der Bewerber wird mit sehr persönlichen Fragen zu seinem privaten Lebenswandel konfrontiert, beispielsweise auf sein Übergewicht hingewiesen.

Der Tester macht ihm dieses zum Vorwurf mit der Begründung, der Bewerber sei nicht in der Lage, sich selbst zu beherrschen. Es werden somit Sozialdaten des Bewerbers zum Gegenstand des Gespräches gemacht, die geeignet sind, den Bewerber zu verunsichern und Stresssymptome über das normale Maß hinaus auszulösen.

Mit solchen Fragen soll der Bewerber zu unkontrollierten Äußerungen veranlasst werden, um auf diese Weise tiefen Einblick in seine Persönlichkeitsstruktur zu bekommen. Diese Befragungsmethoden sind abzulehnen, da sie in die Persönlichkeitsrechte des Bewerbers massiv eingreifen.

Buchtipps: Hier finden Sie weitere Literatur, die sich mit dem Thema befasst: www.berufszentrum.de/buecher.html

ABSAGEN
oder: So gehen Sie mit Absagen um

Wie gehe ich mit Absagen um?
Machen Sie sich klar, dass Sie auch Absagen bekommen werden. Setzen Sie sich Ziele. Schreiben Sie sich auf, wie viele Einladungen Sie pro zehn Bewerbungen erwarten.

Leider sind Absagebriefe meist nichts sagende Standard- und Massenbriefe. Rückschlüsse lassen sich wegen fehlenden Inhalts nicht ziehen.

Klar, dass Sie frustriert sind:
Haben Sie doch alle erdenklichen Mühen auf sich genommen, nach bestem Wissen und Gewissen Ihre Unterlagen optimal gestaltet und versandt. Und dann das: Auf fünf gerade so zustande gekommene und abgesandte Bewerbungsunterlagen werden Sie nicht ein einziges Mal eingeladen.

Nach einer weiteren Fünferrunde das gleiche Ergebnis. Zehnmal haben Sie sich entsprechend beworben, ohne die gewünschte Resonanz.

Richtig auf Absagen reagieren
Sicherlich ist es nicht realistisch, bei jeder schriftlichen Bewerbungsaktion zu erwarten, auch prompt zum Vorstellungsgespräch eingeladen zu werden. Jedoch sollte wenigstens auf fünf bis zehn schriftliche Bewerbungsbemühungen eine Einladung zum persönlichen Kennenlerngespräch folgen. Natürlich ist dies auch mit von der Arbeitsmarktsituation und vielen weiteren Faktoren wie z.B. Branche, Qualifikation, Alter, Gehaltserwartungen etc. abhängig.

Oft kommen in unser Büro Kunden, die bis zu 50 Bewerbungen verschickt haben und keine oder nur eine einzige Einladung zu einem Vorstellungsgespräch erhielten. Hier zeigt die Erfahrung, dass eine intensive Beratung und entsprechende Überarbeitung der Bewerbungsunterlagen die persönliche Quote schon nach recht kurzer Zeit auf 1:5 ansteigen lässt, im Idealfall sogar auf 1:3.

Selbstmitleid bringt Sie nicht weiter. Grundsätzlich ist es wichtig, dass Sie sich bei einer Absage auf keinen Fall schmollend in einen Winkel zurückziehen - ob der narzisstischen Kränkung (die allemal da ist). Verfallen Sie nicht in Selbstmitleid, sondern versuchen Sie, weiter selbstbewusst und aktiv vorzugehen.

Buchtipps: Hier finden Sie weitere Literatur, die sich mit dem Thema befasst: www.berufszentrum.de/buecher.html

BEWERBER-KNIGGE
oder: Benimm-Regeln für Bewerber

Schick angezogen zu sein reicht nicht - das Verhalten muss stimmen.

Auch wenn der persönliche Stil in unserem wertkonservativen Business-Umfeld gefragter ist als steifes Benehmen streng nach den Knigge-Regeln, so signalisiert der Bewerber dadurch Achtung und Respekt durch gutes Benehmen. Wichtiger als die Benimm-Regel sind Offenheit, Kontaktfreudigkeit, sicheres Auftreten.

Was als gutes Benehmen angesehen wird, ist abhängig von der Umgebung, in der wir uns bewegen und von der Erwartungshaltung unseres Umfeldes. Dabei gibt es keine festen Benimm-Regeln. Zu schnell verändern sich unsere gesellschaftlichen Wertmaßstäbe, Hierarchiegefüge und Rollenmuster.

Trotzdem sind Etiketten wieder salonfähig!

Zu den wichtigsten beruflichen Etiketten gehört ein guter Business-Auftritt. Das heißt, korrektes Outfit und angemessene Umgangsformen. Damit signalisiert der Bewerber Respekt, Kompetenz und Seriosität.

Höflichkeit, Freundlichkeit, echtes Interesse, Zurückhaltung, aktives Zuhören und die geschickte Frage zu richtigen Zeitpunkt sind mehr wert als eine galante Verbeugung oder gute Essmanieren.

Pro

Der geeignete Ansprechpartner für die Kontaktaufnahme in einer Gruppe ist der Ranghöchste.

Jeden in einer Gruppe gleich (-freundlich) behandeln.

Auch am Telefon: Immer lächeln!

Nicht diskriminieren, sondern zuvorkommend handeln (z. B.: In-den-Mantel-helfen).

Contra

Nicht die Distanzzonen des Gesprächspartners missachten. Abstand etwa eine Armlänge.

Anklopfen auf gleicher Hierarchieebene ist out.

Das Duzen von Vorgesetzten ist zu vermeiden.

Der kleine abgespreizte Finger beim Trinken widerspricht der Etikette am Buffet.

Buchtipps: Hier finden Sie weitere Literatur, die sich mit dem Thema befasst:
www.berufszentrum.de/buecher.html

WORT-ERSATZLISTE
oder: Negative Wörter vermeiden

Ersetzen Sie diese Wörter in Ihrem Anschreiben:

Streichen Sie ganz ...	... bzw. ersetzen Sie durch
Abkz.	Keine Abkürzungen in Anschreiben und Lebenslauf! Ausnahme: Eigennamen (UNO, SOLE)
arbeitslos	stellensuchend oder arbeit suchend
aufgrund	wegen
bedingt durch	wegen
Betreff	
betrifft	
Bezug nehmend	
bezüglich	
entnehmen Sie bitte den beigefügten Unterlagen	
Firma, Fa. (in der Anschrift)	
frdl.	freundlich(en)
hierfür	dafür
hiermit	
hierzu	dazu
hochachtungsvoll	
leider	
im Moment	zur Zeit, derzeit, vorübergehend
mit vorzüglicher Hochachtung	mit freundlichen Grüßen
mit Bezug auf	
mittlere Reife	Realschulabschluss
momentan	zur Zeit, derzeit
obig(es)	
persönliches Gespräch	Gespräch
persönlich treffen	treffen
persönlich besprechen	besprechen - Was wäre die Alternative zu persönlich? Per Unterhändler?
Reifeprüfung	Abitur
sehr geehrte Herren ...	Sehr geehrte Damen und Herren,
Sehr verehrte Frau ...,	Sehr geehrte Frau ...,
Sehr verehrter Herr ...,	Sehr geehrter Herr ...,
Spaß	Freude
u.	und
z.H.	-- ersatzlos streichen! --
zu Händen	-- ersatzlos streichen! --

Buchtipps: Hier finden Sie weitere Literatur, die sich mit dem Thema befasst:
www.berufszentrum.de/buecher.html

TODSÜNDEN
oder: Don't do it - Für Bewerber

Der Bewerbungsprozess als Ganzes wurde nicht oder unvollkommen vorbereitet bzw. ist nicht von der richtigen inneren Einstellung getragen:
Führen Sie im Vorfeld der Bewerbung eine Selbstanalyse durch, um ihre persönliche Zielrichtung zu bestimmen. Doch auch wenn Einstellung und Richtung stimmen: Sich-Bewerben ist und bleibt ein Full-Time-Job. Die Vorbereitung des Bewerbungsprozesses kann Wochen dauern. Ein erfolgreiches Anschreiben zu texten bzw. einen adressatenorientierten Lebenslauf zu verfassen, dauert mindestens jeweils einen Tag.

Informationen über das Unternehmen wurden unzureichend recherchiert:
Beschaffen Sie sich vor jeder, nicht nur vor einer Initiativbewerbung, Informationen über das jeweilige Unternehmen - z. B. durch ein Telefongespräch. Nur so gelingt es, adressatenorientierte Bewerbungsunterlagen zu erstellen und beim Vorstellungsgespräch zu glänzen.

Die Bewerbungsunterlagen weisen Form- und Inhaltsfehler auf:
Ihre Bewerbung wird wahrscheinlich in einem "Berg" von Unterlagen landen, den die Personalabteilung abzuarbeiten hat. Diese wird zunächst ein grobes Raster anlegen, um die offensichtlich zweitklassigen Bewerbungen auszusieben. Viele Bewerber erhalten keine Einladung zum Vorstellungsgespräch, weil ihre Unterlagen aufgrund mangelhafter Präsentation gar nicht erst geprüft wurden.

Das Vorstellungsgespräch wurde nicht genügend vorbereitet und schlecht durchgeführt:
Auch für die Vorbereitung des Vorstellungsgespräches sollten Sie sich mindestens einen Tag Zeit nehmen. Bereiten Sie sich gezielt auf Ziele, Wünsche und Erwartungen - wenn möglich auch Person - Ihres Gesprächspartners vor. Überlegen Sie, mit welchen Fragen Sie rechnen müssen und üben Sie die Antworten! Vermeiden Sie unbedingt die folgenden fünf negativen Faktoren:

- schlechte äußere Erscheinung (unpassend gekleidet, schlecht gepflegt etc.),
- Mängel in der Meinungsäußerung (zu große Zurückhaltung, der Versuch,
  keine oder alle Meinungen gleichzeitig zu vertreten etc.),
- mangelnde Objektivität gegenüber sich selbst (übertriebene Selbstdarstellung),
- fehlende Ausstrahlung (zu wenig Selbstvertrauen, fehlende Begeisterung etc.),
- Kritik an früheren Arbeitgebern, Vorgesetzten, Mitarbeitern oder Kollegen.

Buchtipps: Hier finden Sie weitere Literatur, die sich mit dem Thema befasst:
www.berufszentrum.de/buecher.html

KÖRPERSPRACHE
oder: Was der Körper mitteilt & Rhetorik

Körpersprache

Verhalten	**"Übersetzung"**
Weit ausgestreckter Arm bei der Begrüßung	Anspannung, Distanz
Stirnrunzeln	Anspannung, Verärgerung
Schultern hochgezogen	Nervosität, Anspannung
Augenbrauen hochgezogen	Arroganz, Aussage des Gesprächspartners wird nicht akzeptiert
Gerade Sitzhaltung, Beine rechtwinklig, Hände auf den Oberschenkeln	Ruhe, Aufmerksamkeit
Oberkörper zurückgelehnt, Beine übereinander geschlagen	Sicherheit, Wohlbefinden
Oberkörper weit zurückgelehnt, Kopf nach hinten	Desinteresse, Ablehnung
Oberkörper leicht nach vorn gebeugt, Augenkontakt mit Gesprächspartner	Offenheit, Engagement
Oberkörper weit nach vorn gebeugt, Füße unter dem Stuhl, kein Blickkontakt	"Ich will hier raus"
Oberkörper nach vorn gebeugt, Hände am Stuhl	Unsicherheit, Fluchtgedanken
Schultern nach vorn gezogen, Hände und Füße verschränkt, Blick auf den Boden	Resignation
Griff an den Hals oder die Krawatte	Die Luft wird eng, Ihr wunder Punkt wurde getroffen
Arme vor der Brust verschränkt, Stuhlbeine mit den Füßen umklammert	Unsicherheit, Halt suchend, auf Konfrontationskurs
Ausgestreckter Zeigefinger oder Kugelschreiber in Richtung des Gesprächspartners	"Jetzt pass mal auf!" Aggressive Drohgebärde
Breitbeinige Sitzhaltung, Oberkörper zurückgelehnt, Hände in den Hosentaschen	"Ihr könnt mir gar nix!" Desinteresse, Ablehnung
Extrem breitbeinige Sitzhaltung, Hände auf die Oberschenkel gestemmt, Kopf nach vorn gebeugt	"Wollt ihr Ärger oder was?" Kaum verhüllte Aggression, Unwilligkeit, unfähig zur Selbstkritik

Rhetorik
Es sollten bei einer Rede möglichst Füllwörter wie "Äh" oder "Mmmm" vermieden werden. Auch ist sinnvoll, die Zuhörerschaft mit in die Rede einzubeziehen, indem man nicht das Wort "man", sondern "Sie" verwendet. Zudem ist es von Bedeutung, einfache, klare und kurze Sätze zu verwenden, so dass die Zuhörer dabei nicht einschlafen oder desinteressiert

werden.

Die Persönlichkeit ist bei einer Unterhaltung/Vorstellung wichtig. Beim Vortragen ist es wichtig, Haltung zu bewahren, was anzeigt, dass der Redner Selbstbewusstsein signalisiert. Die Hände sollten nicht frei umherbaumeln, sondern in einer Hand ein Gegenstand gehalten werden, z.B. ein Bleistift oder ein Blatt Papier.

Zum Vortrag können - müssen aber nicht - Gesten gemacht werden. Die Gesten, die man unwillkürlich macht, sind meistens richtig und müssen daher auch nicht noch durch zusätzliche Anstrengungen verstärkt werden. Schließlich kann die Überzeugungskraft einer Rede durch die "Standpunktformel" erheblich verbessert werden.

Buchtipps: Hier finden Sie weitere Literatur, die sich mit dem Thema befasst: www.berufszentrum.de/buecher.html

Allgemeines zur Anzeige "Verkäufer/in Chemische Spezialitäten"

Aus der Stellenanzeige ist folgendes zu entnehmen:

- Es wird ein Praktiker gesucht! (Studium ist kein Muss)
- Berufserfahrung ist ein Muss! (Bewerbung als Hochschulabsolvent wenig aussichtsreich, aber nicht ganz ausgeschlossen, wenn z. B. einschlägige Berufserfahrung vor dem Studium vorliegt)
- Es wird ein Verkäufer (und kein reiner Chemiker, Hochschulassistent etc.) gesucht! Besonders hierauf ist ein Anschreiben natürlich abzustimmen, aber trotzdem ein Anschreiben als komplex arbeitender Verkäufer. (Es ist von Problemlösungen und nicht von Produktverkauf die Rede!)
- Gute englische Sprachkenntnisse sind erforderlich.

Berater mit kaufmännisch-technischem Know-how

Wir sind ein international operierendes Unternehmen der chemischen Industrie mit weit über 1/2 Mrd. US $ Umsatz p. a. Produktionsstätten liegen in den USA, in Japan und Europa. Unsere Kunden sind namhafte Unternehmen u. a. der Pharma-Industrie, sie sind im Personal-Care-Sektor, in der Waschmittelproduktion und der Getränketechnologie tätig.

Für den Ausbau unserer guten Marktposition suchen wir eine/n

Verkäufer/in
Chemische Spezialitäten

zum frühestmöglichen Zeitpunkt als kompetente Verstärkung für den Raum Frankfurt/Main. Mit unserer Produktpalette, die u. a. Polymere, Zwischenprodukte und Lösungsmittel umfaßt, erarbeiten Sie gemeinsam mit unseren Auftraggebern professionelle Problemlösungen.

Das bedeutet für Sie große Selbständigkeit mit weitgehender kaufmännischer und technischer Verantwortung für innovative, hochinteressante Teile unseres Sortiments.

Wir denken an einen jüngeren Bewerber, der entweder über eine chemisch-technische Ausbildung mit kaufmännischer Berufserfahrung oder über eine kaufmännische Ausbildung mit technischen Kenntnissen verfügt.

Ihnen ist es wichtig, fundiert zu beraten, kompetent zu überzeugen, also erfolgreich zu verkaufen und unsere Kunden langfristig zu binden. Gründliche Einarbeitung und konsequente Weiterbildung bezüglich neuer Produkte und Anwendungen ist einer unserer Erfolgsfaktoren. Ein weiterer ist der internationale Erfahrungsaustausch mit Kollegen unterschiedlicher Fachbereiche, dazu sollten Sie über gute englische Sprachkenntnisse verfügen.

Wir bieten attraktive Konditionen einschließlich erfolgsbezogener Sonderzahlungen und privater Dienstwagenregelung. Bei einem notwendigen Umzug sind wir jederzeit behilflich.

Ihre aussagekräftigen Bewerbungsunterlagen (Lebenslauf, Lichtbild, Zeugnisse, Gehaltsvorstellung) senden Sie bitte an den Anzeigendienst unseres Beraters unter Angabe der Kennziffer 964 161, Postfach 100552 in 51645 Gummersbach.

Kienbaum und Partner
Internationale Personal- und Unternehmensberater

Gummersbach, Düsseldorf, Berlin, Dresden, Frankfurt/Main, Hamburg, Hannover, Karlsruhe, München, Stuttgart, Zürich, Wien, San Francisco, Sao Paulo, Johannesburg

---

Anschreiben, das den Anforderungen gut entspricht

FRANK LEIDERER
Pistazienstraße 2 • 12345 Buxtehude
Telefon 01234 567890 • f.leiderer@web.de

Kienbaum Personalberatung GmbH
Udo Peters
Postfach 100 552
51645 Gummersbach

12345 Buxtehude, 10. Mai 2007

Bewerbung Verkäufer, Kennziffer 864 161

Sehr geehrter Herr Peters,

Sie suchen mit Ihrem Stellenangebot vom 8. Mai 2007 in der Frankfurter Allgemeinen Zeitung Nr. 106 einen Verkäufer für Ihre chemischen Spezialitäten im Raum Frankfurt/Main.

Vermutlich stellen Sie sich die Frage, welchen Nutzen Sie haben, wenn ich den Vertrieb Ihrer Produkte übernehmen würde. Einige Angaben zu meiner Person könnten Ihnen helfen, eine Antwort darauf zu finden:

Sie gewinnen einen Diplom-Chemiker, der eine breit angelegte fachliche Ausbildung erworben und auf verschiedenen Fachgebieten (Biochemie, Oberflächenanalytik, Elektrochemie) gearbeitet hat, das heißt bereit und damit vertraut ist, sich in neue Fragestellungen einzuarbeiten.

Sie stellen einen Gesprächspartner ein, der seit zwei Jahren für ein Unternehmen der petrochemischen Industrie im Außendienst seine eigenen Kunden betreut. Erworben habe ich hier Sicherheit im Umgang mit unterschiedlichen Ansprechpartnern. In der Kommunikation und Akquisition kenne ich mich gut aus. Meine Fähigkeit, komplexe Sachverhalte verständlich darstellen zu können, habe ich dabei erweitert.

Sie engagieren einen Mitarbeiter, der mit der Durchführung von Verhandlungen und Vertragsabschlüssen unternehmerisches Denken gelernt und sich mit betriebswirtschaftlichen Fragestellungen vertraut gemacht hat.

Sie sichern sich einen Team-Kollegen, der mit seinen guten Englisch- und Französischkenntnissen auch zum internationalen Erfahrungsaustausch fähig ist.

Wenn diese Argumente Ihr Interesse geweckt haben, freue ich mich auf ein pesönliches Gespräch mit Ihnen, in dem ich Sie gerne von meiner fachlichen und persönlichen Qualifikation für die vakante Stelle überzeugen.

Mit freundlichen Grüßen

Ihre Unterschrift

Anlage Bewerbungsmappe

Anschreiben, das den Anforderungen nicht gut entspricht

Frank Leiderer   12 345 Buxtehude, 10. Mai 2007
Pistazienstraße 2
01234 5678

Kienbaum Consultants International GmbH
Postfach 100552
51645 Gummersbach

Betr.: Ihre Annonce in der F.A.Z., Kennziffer 864 161

Sehr geehrte Damen und Herren,

hiermit bewerbe ich mich um die Position als Verkäufer-Chemische Spezialitäten in Ihrem Hause. Nachdem ich den experimentellen und schriftlichen Teil meiner Dissertation in Chemie erfolgreich abschließen konnte, werde ich diese am 10.07.2005 beenden.

In meiner vorangegangenen Diplomarbeit und jetzigen Dissertation, die beide unter der Betreuung des Leiters des Institutes für Anorganische und Analytische Chemie Herrn Prof. Dr. X. Suhrbier liefen, beschäftigte ich mich mit der Darstellung von neuartigen Derivaten der Pentahexocarbotensäure sowie deren ausführlichen spektroskopischen Charakterisierung. Dabei eignete ich mir ein umfassendes Wissen in den Standardmeßmethoden wie NMR-, Infrarot-, Massen- und UV-Spektroskopie sowie HPLC an. Wie Sie aus beiliegender Liste ersehen können, veröffentlichte ich nach meiner Diplomarbeit drei Publikationen, wobei weitere folgen werden. Das Promotionsnebenfach Toxikologie verschaffte mir zusätzliche Informationen von Seiten der Pharmazie.

Im Laufe meines Studiums konnte ich im Rahmen einer vierteljährigen Tätigkeit als Werkstudent bei DDuv/Hamburg einen Einblick in die Problematik der Großproduktion von Speicherchips gewinnen. Eine halbjährige Stelle bei der Farbpigment-Firma Gebrüder Hepmann/Taunus mit Wirken im dortigen Forschungslabor war für mich in Bezug auf praxisnahe Analytik äußerst fruchtbar.

Die Beschäftigung als wissenschaftlicher Mitarbeiter an der Universität Frankfurt mit der Aufgabe der Ausbildung (Seminare und Praktikum) von Studenten in Anorganischer Chemie (Grundpraktikum im 2. Semester und Fortgeschrittenenpraktikum im 7. Semester) ermöglichte es mir auch, den Umgang mit Personen zu intensivieren. Hierbei war ich auch für den Ankauf von Geräten und Sondergasen verantwortlich. Zusätzlich hielt ich drei Kurse an der Krankenpflegeschule des St. Marien-Krankenhauses in Eschbach als Dozent für Chemie und Physik.

Meine PC-Kenntnisse erstrecken sich unter anderem auf Textverarbeitung (Word, Starwriter), Datenverarbeitung (Paradox, dBase), Präsentationsgraphik (Harvard Graphics) und Programmierung (Pascal, C).

Meine Gehaltsvorstellung liegt bei ca. 49.000,- Euro per anno plus Firmengewinnbeteiligung. Da ich sehr daran interessiert bin, in Ihrem Unternehmen die geforderte Tätigkeit zu übernehmen, würde ich mich freuen, wenn wir uns zu einem persönlichen Gespräch zusammenfinden könnten.

In der Hoffnung auf eine positive Nachricht Ihrerseits verbleibe ich

Mit freundlichen Grüßen

Anlagen: Lichtbild, Tabellarischer Lebenslauf, Publikationsliste, Schul- und Hochschulzeugnisse in Kopie, Arbeitszeugnis

Warum das Beispiel den Anforderungen der Anzeige nicht gut entspricht: (Gesucht wird ein Verkäufer!)

Frank Leiderer
Pistazienstraße 2
(01234/5678)

(Schreibweise und Stelle falsch)
12 345 Buxtehude, 10. Mai 2007

Kienbaum Consultants International GmbH
(Ansprechperson fehlt)
Postfach 100552
51645 Gummersbach

Betr.: Ihre Annonce in der F.A.Z., Kennziffer 864 161
(Betr. wird weggelassen)

Sehr geehrte Damen und Herren (Die direkte Ansprache fehlt),

hiermit bewerbe ich mich um die Position als Verkäufer-Chemische Spezialitäten in Ihrem Hause. Nachdem ich den experimentellen und schriftlichen Teil meiner Dissertation in Chemie erfolgreich abschließen konnte, werde ich diese am 10.07.2005 beenden. *(Redet sofort von sich los.)*

In meiner vorangegangenen Diplomarbeit und jetzigen Dissertation, die beide unter der Betreuung des Leiters des Institutes für Anorganische Chemie und Analytische Chemie Herrn Prof. Dr. X. Suhrbier liefen, beschäftigte ich mich mit der Darstellung von neuartigen Derivaten der Pentahexocarbotensäure sowie deren ausführlichen spektroskopischen Charakterisierung. Dabei eignete ich mir ein umfassendes Wissen in den Standardmeßmethoden wie NMR-, Infrarot-, Massen- und UV-Spektroskopie sowie HPLC an. (Spätestens hier merkt der Personalfachmann, dass der Bewerber von einer Sache keine Ahnung hat: vom Verkauf!) Wie Sie aus beiliegender Liste ersehen können, veröffentlichte ich nach meiner Diplomarbeit drei Publikationen, wobei weitere folgen werden. Das Promotionsnebenfach Toxikologie verschaffte mir zusätzliche Informationen von Seiten der Pharmazie. (Hier merkt der Personalfachmann, dass er auch von Pharmazie keine Ahnung hat!)

Im Laufe meines Studiums konnte ich im Rahmen einer vierteljährigen Tätigkeit als Werkstudent bei DDuv/Hamburg einen Einblick in die Problematik (schlechte Wortwahl) der Großproduktion von Speicherchips gewinnen. Eine halbjährige Stelle bei der Farbpigment-Firma Gebrüder Hepmann/Taunus mit Wirken im dortigen Forschungslabor war für mich in Bezug auf praxisnahe Analytik äußerst fruchtbar. (Wie schön für den Bewerber, leider spricht er immer nur von sich selbst. Wo steckt der Nutzen für das Unternehmen?)

Die Beschäftigung als wissenschaftlicher Mitarbeiter an der Universität Frankfurt mit der Aufgabe der Abhaltens von Seminaren und Praktika von Studenten in Anorganischer Chemie (Grundpraktikum im 1. Semester und Fortgeschrittenen-praktikum im 5. Semester) ermöglichte es mir auch, den Umgang mit Personen (Arbeitet ungern mit Menschen in seinem Leben) zu intensivieren (Vermutung, dass der Bewerber ein „besserer" Eigenbrötler ist). Hierbei war ich auch für den Ankauf von technischen Geräten, Reagenzien und Gasen verantwortlich (bestätigt die Vermutung, dass der Bewerber chemisch-technisch verliebt ist, und kein Verkäufertyp). Zusätzlich hielt ich zwei Kurse an der Krankenpflegeschule des St. Marien-Krankenhauses in Eschbach als Dozent für Chemie und Physik. (Legt die Vermutung nahe, dass der Bewerber und die Schwestern froh waren, als der Bewerber wieder weg war.)
Meine PC-Kenntnisse erstrecken sich unter anderem auf Textverarbeitung (Word, Starwriter), Datenverarbeitung (Clipper, foxpro), Präsentationsgraphik (Micrograph X) und Programmierung (PL1, Cobol) (EDV-Kenntnisse auf keinem aktuellen Stand).

Meine Gehaltsvorstellung liegt bei ca. 49.000,- Euro (zu viel für einen Berufsanfänger) per anno plus Firmengewinnbeteiligung (unverschämte Forderung für einen Berufsanfänger). Da ich sehr daran interessiert bin, in Ihrem Unternehmen die geforderte Tätigkeit zu übernehmen, würde ich mich freuen (zu vage, nicht überzeugend), wenn wir uns zu einem persönlichen Gespräch zusammenfinden könnten.

In der Hoffnung auf eine positive Nachricht Ihrerseits verbleibe ich

Mit freundlichen Grüßen

Anlagen: Lichtbild, Tabellarischer Lebenslauf, Publikationsliste, Schul- und Hochschulzeugnisse in Kopie, Arbeitszeugnis

Anschreiben, das den Anforderungen gar nicht entspricht

Frank Leiderer   12 345 Buxtehude
Pistazienstr. 2
(01234/5678)

Kienbaum Personalberatung
Postfach 100552
51605 Gummersbach

Anzeige Kennziffer 112233

Stuttgart, 28.05.07

Guten Tag,

mit Bezug auf Ihre Anzeige möchte ich mich für die Stelle des Verkäufers, Raum Frankfurt bewerben.

Angaben zu meiner Person können Sie fürs erste dem Lebenslauf entnehmen. Das Chemie-Studium wurde nicht abgeschlossen und bei BWL klage ich seit Studiumsende gegen die Uni.

Verfügbar wäre ich zum 01.07.07 unter Einhaltung der Kündigungsfrist des Arbeitsvertrages.

Der Verdienst sollte nicht unter 70.000,– Euro liegen.

Ihre Antwort erwartend verbleibe ich mit freundlichen Grüßen

Anlage

Positive Formulierungen für das Anschreiben

- mein Wissen/meine Kenntnisse/mein Know-how erweitern/vertiefen
- mich fortbilden/weiterbilden
- mir ... aneignen
- einbringen
- meine Kenntnisse/mein Know-how auf-/ausbauen
- meine Kenntnisse/mein Know-how ein-/umsetzen
- verfügen
- die Herausforderung annehmen
- mich der Herausforderung/Aufgabe stellen
- (tatkräftig) unterstützen
- lernen
- aktivieren
- überzeugt sein
- sicher sein
- in die Praxis umsetzen
- in der Praxis anwenden
- Erfahrungen sammeln/einbringen
- mein Ziel ist ...
- meine Kompetenz/Fachkompetenz einbringen
- konzipieren
- entwickeln
- durchführen
- erfülle die von Ihnen gewünschten Kriterien
- selbständig arbeiten
- mich qualifizieren
- im Rahmen meiner Tätigkeit betraut
- Qualifikation/Zusatzqualifikation
- teamorientiert
- zielorientiert
- flexibel
- belastbar

- aktiv
- kreativ
- verantwortungsvoll/verantwortungsbewusst
- zuverlässig
- vielseitig
- unternehmerisches Denken
- verhandlungsgeschickt
- technisch begabt/sprachen begabt/... begabt
- soziale Kompetenz
- souverän
- sicheres Auftreten
- kontaktfreudig
- kritikfähig
- mobil
- offen
- innovatives Handeln
- optimistisch
- kompetent
- einsatzbereit
- erfolgsorientiert
- Geschick im Umgang mit Menschen zeigen
- gelassen/geduldig/ausgeglichen
- strukturieren
- organisieren
- motivieren (sich selbst und andere)
- koordinieren
- Eigeninitiative zeigen
- dynamisch
- Durchsetzungskraft
- sich begeistern für
- aufgeschlossen/anpassungsfähig
- zupackend
- analysieren/Lösungen finden
- umfassend
- verbessern/optimieren

- verwertbare Ergebnisse
- sich engagieren
- Organisationstalent
- zählen zu meinen Stärken
- aufgrund umfangreicher Erfahrungen
- Freude/Spaß
- gewachsen fühlen
- weitere Details im Rahmen eines persönlichen Gespräches klären
- erfolgreich abschließen
- professionell
- bestens vertraut
- besondere/spezielle/fundierte Kenntnisse
- anspruchsvolle/interessante Tätigkeit
- anbieten/sich bewerben
- kennen lernen
- Profi
- ansprechen/sich angesprochen fühlen
- beste Voraussetzungen und Erfahrungen mitbringen
- verantwortlich sein
- gewinnen können
- zuständig sein
- sich beschäftigen mit ...
- Einblicke gewinnen in ...
- meine Schwerpunkte
- entspricht
- meinen Zielvorstellungen
- sich mit vollem Engagement widmen
- sich auf ein persönliches Gespräch/eine positive Antwort freuen
- die Chance bieten
- Absolvent
- optimal geeignet sein
- sich schnell einarbeiten können
- beweisen
- unter Beweis stellen
- umfassen

- konkret

- Präsentation/präsentieren

- erwerben

- Kenntnisse und Erfahrungen kombinieren

- sich über die Möglichkeit zu einem Vorstellungsgespräch zu freuen

- mitwirken

- Aufgaben übertragen

- Projekterfahrung

- bekannt sein

- praxisnah

- die Übersicht behalten

- bewandert sein

- beruflich bereits mehrere verschiedenartige Stationen durchlaufen haben

- die von Ihnen angebotene Position entspricht sowohl meinen Fähigkeiten als auch meinem Wunsch eine abwechslungsreiche Tätigkeit zu finden

- Ihre Einladung zu einem Vorstellungsgespräch – auf die ich mich sehr freue – werden Sie bestimmt nicht bereuen.

- gehören zu meinem Aufgabenbereich

- die Qualifikation mit sehr gutem Erfolg beenden

- englisch/französisch/... als Konferenzsprache einsetzen

- der Umgang mit .../Fachliteratur gehört für mich zum Alltag

- englisch/französisch/... beherrsche ich fließend in Wort und Schrift

- (eigenverantwortlich) durchführen

- sich besonders auszeichnen durch

- verwertbare Lösungen entwickeln

- gerne würde ich als engagierter und erfahrener ... Ihre ... Abteilung/Ihr Team verstärken

- ich schätze gleichermaßen ... sowie ...

- ich freue mich mit Ihnen in einem persönlichen Gespräch die Möglichkeit für eine künftige Zusammenarbeit zu erörtern

- meine Kenntnisse und Erfahrungen decken sich mit Ihrem Anforderungsprofil (in

- vielen Punkten

- meinen Beitrag für ... zu leisten

- Kenntnisse festigen

- anspruchsvolle Tätigkeit

- passend zu
- wichtige Voraussetzungen mitbringen
- stark ausgeprägt
- zukunftsorientiert
- attraktives Umfeld/Betätigungsfeld/ attraktiver Aufgabenbereich
- Entwicklungsmöglichkeiten
- bemerkenswert
- mein Interesse gilt/liegt
- entspricht den Erwartungen, die ich an mich und meine zukünftige Aufgabe stelle
- weitere Ausführungen zu meiner Person finden Sie in den beigefügten Unterlagen
- nähere Angaben zu meinem bisherigen Werdegang entnehmen bitte den beigefügten Unterlagen
- ich freue mich Sie in einem persönlichen Gespräch von meiner Qualifikation/meinen Fähigkeiten überzeugen zu können
- ich freue mich auf ein Vorstellungsgespräch bei Ihnen
- konstruktive Mitarbeit
- sich spezialisieren auf/in
- auf dem neuesten Stand sein/auf den neuesten Stand bringen
- erlernen
- Sie erhalten anbei meine Bewerbungsunterlagen
- gewohnt sein
- effektiv
- kundenorientiert
- qualitätsbewusst
- für ein persönliches Gespräch über eine künftige Zusammenarbeit stehe ich Ihnen gerne zur Verfügung
- besitzen
- ich freue mich im Vorstellungsgespräch weitere Einzelheiten einer innovativen/fruchtbaren Zusammenarbeit sowie meinen Eintrittstermin zu besprechen/erörtern.
- zu meinen Hauptaufgaben zählen
- seine berufliche Zukunft im Bereich ... sehen
- über meine weiteren Kenntnisse und Fähigkeiten geben Ihnen die beigefügten Unterlagen Aufschluss.
- sehe Ihrer Antwort und einem persönlichem Gespräch mit Freude entgegen

- breit gefächertes Branchen Know-how

- beraten

- Professionalität

- Erfahrung und Professionalität in ... kennzeichnen mein Leistungsportefeuille

- Interesse geweckt haben

- sich einarbeiten in

- sich aktiv beteiligen

- die von Ihnen angebotene Position fand bei mir großes Interesse

- das von Ihnen angesprochene Aufgabengebiet ist für mich eine Herausforderung, der ich mich aufgrund meiner umfangreichen Erfahrungen gewachsen fühle

- Eigenschaften wie „teamorientiert, belastbar, hartnäckig in der Verfolgung von Zielen und Verhandlungsgeschick" sind grundlegend für ein positives Arbeitsergebnis – welches ich stets erreichte –

- weitere Details, auch die der Vergütung, möchte ich gerne im Rahmen eines persönlichen Gespräches mit Ihnen klären

- Sie suchen einen ....-Spezialisten mit einem Profil, das exakt auf meine Kenntnisse und Fähigkeiten zugeschnitten ist

- mich hat die Vielseitigkeit des Tätigkeitsfeldes angesprochen, mit der diese Stelle verbunden ist

- profunde Kenntnisse

- langjährige/mehrjährige (praktische) Erfahrungen

- ich bin gewohnt selbständig und zielstrebig zu arbeiten, ohne dabei teamorientiertes Vorgehen aus den Augen zu verlieren

- mich reizen die zukünftigen Herausforderungen und anspruchsvollen Aufgaben in ... sehr

- ich habe mich bestens vorbereitet, um im Team innovative Lösungen mit Kompetenz, Kreativität und Innovationsgeist zu finden

- die Ergebnisse von/der ... zeugen von meiner sehr erfolgreichen Teilnahme

- ich bin hoch motiviert und stelle mich der Herausforderung gerne

- ausbaufähiges (Schul-)Englisch/Französisch/...

- wie telefonisch besprochen sende ich Ihnen meine Bewerbungsunterlagen

- momentan aktualisiere ich meine ... Kenntnisse bei ...

- vielen Dank für das informative/aufschlussreiche Telefongespräch

- nach meiner mehrjährigen Familienphase möchte ich wieder in den Beruf einsteigen

- ich freue mich darauf, Sie und Ihre Firma im Vorstellungsgespräch kennen zu lernen

- meine fachliche Kompetenz basiert auf

- sich widmen

- begründet mein Interesse an

- mit viel Begeisterung betreiben

- auffrischen

- mich faszinieren

- eine ausführliche Darstellung meiner Person finden Sie in den beiliegenden Unterlagen

- die bei Ihrer Firmenpräsentation aufgezeigten Möglichkeiten haben mich davon überzeugt, dass Ihre Firma die idealen Voraussetzungen für meine weitere berufliche Entwicklung bietet

- anstreben

- meine berufliche Zukunft in eine neue Richtung lenken

- ambitioniert

- begeisterungsfähig

- während meines ...monatigen/...jährigen Auslandsaufenthaltes in

- Ihre Arbeitsplatzbeschreibung habe ich mit großen Interesse gelesen

- auf den von Ihnen geforderten Gebieten habe ich bereits umfassende Erfahrungen gesammelt; deshalb spricht mich diese Herausforderung sehr an

- neben meinen bereits genannten Kenntnissen und Fähigkeiten erwerben Sie bei Ihrer Entscheidung für mich außerordentliche Flexibilität, Organisationsgeschick, kommunikative Talente, hohe Einsatzbereitschaft und Loyalität

- alle weiteren Punkte möchte ich gerne persönlich mit Ihnen besprechen

- auch an dieser Stelle bedanke ich mich nochmals sehr für das interessante Telefonat mit Ihnen

- ich freue mich Sie in einem persönlichen Gespräch von meinem Können und meiner Persönlichkeit zu überzeugen

Aufbau eines Telefonats I (Praktikant)

Einstieg

- Grüß Gott /Guten Tag, ich bin ... Momentan qualifiziere ich mich zum/zur ... und bin sehr an einer Praktikantenstelle in Ihrer Firma interessiert. An wen kann ich mich bitte wenden?

Hauptteil

- Grüß Gott /Guten Tag, ich bin ... und mache eine Ausbildung zum/zur ...

- Ihre Firma ist mir durch ... bekannt. Daher würde ich gern mein Praktikum in Ihrer Firma absolvieren.

- Ich bin Bauzeichner und habe 5 Jahre Berufserfahrung im Bereich Haustechnik, speziell in der Lüftung gesammelt. Momentan eigne ich mir weitergehende Kenntnisse in CAD, ... in einem 8-monatigen Fortbildungskurs bei ... an. Dieser Kurs endet mit einem 10-wöchigen Praktikum, bei dem ich die neu erworbenen Fertigkeiten umsetzen und vertiefen kann.

- Vorher habe ich als ... (Tätigkeiten / Aufgabenbereiche rückwärts chronologisch) Erfahrungen sammeln können.

- Besteht für mich die Möglichkeit, mein Praktikum bei Ihnen zu absolvieren?

- Ich möchte mich gerne bei Ihnen persönlich vorstellen. Ist es Ihnen am Dienstag um 9.30 Uhr recht oder passt es Ihnen am Donnerstag um 15 Uhr besser?

- Hätten Sie gern vorab meine Bewerbungsunterlagen oder kann ich diese zum Gespräch mitbringen? (Schicken Sie die Unterlagen, wenn die Firma das wünscht.)

Schluss

- Vielen Dank für das (informative/interessante) Telefongespräch. Wie besprochen sende ich Ihnen meine Bewerbungsunterlagen. Ich freue mich auf unser gemeinsames Gespräch am ... um ... Uhr bei Ihnen.

- (Ich wünsche Ihnen) noch einen schönen (Arbeits-)tag, Herr X, (und) auf Wiedersehen/-schauen.

Aufbau eines Telefonats II (Bauzeichner)

Einstieg

- Grüß Gott / Guten Tag, ich bin ...

- Ich habe Ihre Anzeige gelesen und bin an der (ausgeschriebenen) Stelle als Bauzeichner (sehr) interessiert.

Hauptteil

- Ich bin Bauzeichner und habe 5 Jahre Berufserfahrung im Bereich Haustechnik, speziell in der Lüftung gesammelt. Vorher habe ich als ... (Tätigkeiten / Aufgabenbereiche rückwärts chronologisch) Erfahrungen sammeln können.

- Bevor ich mich bei Ihnen schriftlich bewerbe, hätte ich noch ein paar / fünf Fragen.

  Beispiele:
  ⇒ Wie viele Mitarbeiter hat Ihr Betrieb und wie groß sind die Teams?
  ⇒ Wo liegen die Schwerpunkte in Ihrem Betrieb?
  ⇒ Wird in Ihrem Betrieb mit speziellen Systemen gearbeitet?
  ⇒ Sind für Gewerbebauten auch Stahlbauzeichnungen erforderlich, da ich gelernter Bauzeichner bin.
  ⇒ Wie groß ist das Einzugsgebiet. Ist Außendienst vorgesehen?

- Interessant ist für mich (auch), ob ich ausschließlich auf CAD oder auf welchem anderen System ich arbeiten würde.

- Über meine Gehaltsvorstellungen möchte ich mich mit Ihnen persönlich unterhalten. (Antwort auf die Frage nach Ihren Gehaltswünschen bzw. wenn danach in der Stellenanzeige gefragt wird)

- Herr X, das was Sie mir über die Stelle erzählt haben, hört sich für mich sehr gut an / hat ein Interesse an der Stelle noch verstärkt.

- Ich möchte mich gerne bei Ihnen persönlich vorstellen. Ist es Ihnen am Dienstag um 9.30 Uhr recht oder passt es Ihnen am Donnerstag um 15 Uhr besser?

- Kann ich die Bewerbungsunterlagen zu Ihren Händen schicken?

Schluss

- Vielen Dank für das (informative/interessante) Telefongespräch. Wie besprochen sende ich Ihnen meine Bewerbungsunterlagen. Ich freue mich auf unser gemeinsames Gespräch am ... um ... Uhr in Ihrem Hause.

- (Ich wünsche Ihnen) noch einen schönen (Arbeits-)tag, Herr X, (und) auf Wiedersehen/-schauen.

Beispiel für einen Sperrvermerk

Sperrvermerk

Name:
Straße:
Wohnort:
Telefon:
Fax:

Zeitung:
Chiffre:
Datum:

Sehr geehrte Damen und Herren,

bitte leiten Sie meine beigefügten Bewerbungsunterlagen nicht an die nachstehend genannten Firmen weiter:

Firmenname   *Firmenadresse*

_____

_____

_____

_____

_____

In diesem Fall bitte ich Sie um Rücksendung meiner Unterlagen. Vielen Dank.

Mit freundlichen Grüßen

Tabelle für die Eigenanalyse (Stärken/Schwächen)

Persönlichkeitskriterium	dominant ++	durch- schnittlich +	schwach O
aggressiv			
aktiv			
analytisches Denkvermögen			
anpackend			
anpassungsfähig			
aufgeschlossen			
ausgeglichen			
autoritär			
begeisterungsfähig			
belastbar			
durchsetzungsstark			
dynamisch			
ehrgeizig			
eigeninitiativ			
einfühlsam			
einsatzbereit			
emotional			
entschlossen			
erfolgsorientiert			
ernst			
fähig zu koordinieren			
fähig, andere zu motivieren			
fähig, sich selbst zu motivieren			
fähig zu organisieren			
fähig zu strukturieren			
fähig, andere zu beeinflussen			
flexibel			
forsch			
freundlich			
fröhlich			
geduldig			
gelassen			
geltungsbedürftig			
geradlinig			
Geschick im Umgang mit Menschen			
geschicktes Telefonverhalten			
gewandtes Auftreten			
hilfsbereit			
humorvoll			
impulsiv			
innovatives Handeln			

jung/jung geblieben			
kompetent			
kompromissbereit			
kontaktfreudig			
konzentriert			
kooperativ			
kreativ			
kritikfähig (Kritik austeilen)			
kritikfähig (Kritik einstecken)			
lernbereit			
mathematisch begabt			
mobil			
mutig			
natürlich			
neugierig			
offen			
optimistisch			
pflichtbewusst			
phantasievoll			
reisefreudig			
ruhig			
sachlich			
schlagfertig			
schnelles Arbeiten			
selbstbeherrscht			
selbstbewusst			
sensibel			
sicheres Auftreten			
souverän			
soziale Kompetenz			
sportlich			
sprachbegabt			
sympathisch			
systematisches Arbeiten			
teamfähig			
technisch begabt			
temperamentvoll			
tolerant			
unternehmerisches Denken			
verantwortungsvoll			
Verhandlungsgeschick			
vielseitig			
warmherzig			
wortgewandt			
zielorientiertes Handeln			
zielstrebig			
zuverlässig			

Leistungsverzeichnis

Hier finden Sie unsere Dienstleistungsangebote, die Sie im Internet jederzeit abrufen können. Die aktuelle Preisübersicht finden Sie dort ebenfalls aufgeführt.

Kompletter Bewerbungscheck
· Überprüfung Ihrer bestehenden Bewerbung auf den allgemeinen Gesamteindruck, auf konkrete Schwachstellen und Rechtschreib-, Satz- und Verständnisfehler
· Beratung in allen Bewerbungsfragen (Coaching) per Telefon oder E-Mail
· Sie erhalten Ihre Unterlagen mit Anmerkungen und Korrekturen zurück

www.bewerbungscheck.de

Komplette Bewerbungsberatung und -erstellung
· Zugeschnittene individuelle Erstellung Ihrer Bewerbungsunterlagen mit Neuerstellung von Anschreiben, Lebenslauf, Motivations-, Deck-, Anlagenblatt
· Beratung in allen Bewerbungsfragen (Coaching) per Telefon oder E-Mail
· Beurteilung Ihrer Arbeitszeugnisse und Referenzen
· Professionelle Bewerbungsmappe "Mega BL Mappe, 3-teilig" inklusive
· Druck auf feinstem hochweißem Papier - 120g/m²
· Alle Unterlagen auf Diskette im MS-Word-Format zum Weiterverwenden
· Aktuelle Bewerbungs-Ratgeber-CD + Update-Registrierung

www.berufszentrum.de

Bewerbungs-Homepage im Internet
· Programmierung einer professionellen Bewerbungs-Homepage
· Einbindung Ihrer gesamten Bewerbungsunterlagen (Anlagen, Arbeitsproben, etc.)
· Genug Speicherplatz fest für 6 Monate (verlängerbar für 1,00 Euro/Monat)
· Professionelle E-Mail-Adresse und Präsentation
· Geschützter Zugriff auf die Bewerbung durch Benutzernamen und Passwort

www.bewerben.biz

Rechtsverbindliche Arbeitsrechtsberatung
· Lassen Sie sich schnell und sicher durch unseren Partner-Rechtsanwalt beraten
· Beratung von allen Arbeitsrechtsfragen per E-Mail (optional per Telefon)
· Zu Themen wie Kündigung, Abfindungen, Arbeitsvertrag, Arbeitszeugnissen, ...

www.berufszentrum.de/rechtsberatung.html

Headhunter-Adressen
· Die wichtigsten Headhunter in Deutschland mit direkten Ansprechpartnern
· Sortiert nach Kriterien wie Branche, Schwerpunkte, Betätigungsfelder, etc.

www.berufszentrum.de/headhunter.html

Arbeitszeugnis- und Referenzen-Check
· Erstellung einer Beurteilung Ihrer Zeugnisse & Referenzen

www.berufszentrum.de

Impressum

BERUFSZENTRUM
- Professioneller Existenzgründungs-, Karriere- und Bewerbungsservice -

Unsere Webadressen:
Deutsche Bewerbungen: www.berufszentrum.de
Internat. Bewerbungen: www.auslandsbewerbungen.de
Karriere und Existenzgründungen: www.karrierezeitung.de
Fort- und Weiterbildungen: www.berufsbildungszentrum.de
Beratung für Führungskräfte: www.bewerbungsbuero.com
Online-Shop für Bewerbungsmappen: www.bewerbungsshop24.de

**Geschäftsführung und verantwortlich für
den Inhalt im Sinne des Presserechts:**
Alexander Büsing
Postfach 100 236
32502 Bad Oeynhausen

Postanschrift:
Berufszentrum ABIS e.K.
Postfach 100 236
32502 Bad Oeynhausen

Kontakt:
Tel: (+49) 05731 842 0735
Fax: (+49) 05731 245 81 30
E-Mail: kundenservice@berufszentrum.de

Bankverbindung:
Berufszentrum
Kontonummer: 902 651 301
Blz: 250 100 30
Postbank Hannover

Geschäftsbedingungen:
Allgemeine Geschäftsbedingungen sind einzusehen
unter www.berufszentrum.de

Ust.-ID.Nr: DE 210968936
Finanzamt Minden

Registriergericht: Bad Oeynhausen
Registriernummer: HRA 6223